DRITTES AUGE ÖFFNEN

Wirkungsvolle Techniken zum Öffnen des Dritten Auges, zur Reinigung der Zirbeldrüse und zur Erweiterung des Bewusstseins

von

Anna Mai

Inhaltsverzeichnis

Rechtliche Hinweise

Die in dieser Publikation enthaltenen Informationen dienen nur der allgemeinen Information. Wir haben uns nach bestem Wissen bemüht, diese Informationen aktuell und korrekt zu halten, geben jedoch weder ausdrücklich noch stillschweigend eine Zusicherung oder Garantie über die Vollständigkeit, Genauigkeit, Zuverlässigkeit, Eignung oder Verfügbarkeit dieser Publikation oder der darin enthaltenen Informationen. Jegliches Vertrauen, das der Leser in diese Informationen setzt, geht strikt auf eigenes Risiko.

Wir haften nicht für direkte oder indirekte Schäden oder Verluste bzw. Folgeschäden in Zusammenhang mit der Nutzung dieser Publikation sowie der darin enthaltenen Informationen. Wir können keine Resultate garantieren, da Resultate je nach Person variieren können und von deren Anstrengungen abhängen. Es liegt in der Entscheidung des Lesers die hier aufgeführten Methoden auszuprobieren. Es gibt keine Garantie für den Erfolg.

Vorwort

Liebe Leserin und lieber Leser!

Vielen Dank für das Vertrauen und den Kauf dieses Buches. Ich erlaube mir, Dich in diesem Ratgeber zu duzen. Dies kann womöglich unhöflich und aufdringlich wirken, ist jedoch in keiner Weise von mir respektlos gemeint. Ganz im Gegenteil. Für mich ist "Du" eine Ansprache an einen guten Freund. Und genau diesen stelle ich mir vor meinem inneren Auge vor, wenn ich einen Ratgeber schreibe und meine persönlichen Tipps gebe. Auch lebe ich in einer Umgebung, wo jeder jeden duzt, sodass ich davon auch beim Schreiben keine Ausnahme machen möchte. Als Zeichen meines Respekts schreibe ich trotz der neuen Rechtschreibung "Du" weiterhin groß.

Genauso erlaube ich mir aus Gründen der besseren Lesbarkeit nur die männliche Form zu verwenden. Dies sei mir verziehen und ist keine Abwertung meinen hoch geschätzten weiblichen Lesern gegenüber, die ich natürlich gleichermaßen achte wie meine männlichen Leser.

Ich wünsche nun viel Freude!

Deine Anna Mai

Einleitung

Das Buch “Drittes Auge öffnen” soll dir als Anleitung für dein spirituelles Erwachen dienen. Schritt für Schritt lernst Du wirkungsvolle Techniken, wie Du dein drittes Auge schnell öffnen kannst, indem Du deine Zirbeldrüse reinigst und entkalkst und dabei deinen Geist und dein Bewusstsein erweckst.

Seit der Antike wird das dritte Auge von verschiedenen Kulturen als Organ außersinnlicher Wahrnehmung verehrt, als ein Fenster zu anderen Dimensionen und als Sitz der Seele – sei es von den alten Mysterienschulen im alten Ägypten, von den Schamanen im Tibet, von keltischen Druiden oder im Buddhismus. Entsprechend gibt es auch verschiedene Bezeichnungen. So ist das dritte Auge auch bekannt als das sechste Chakra oder Ajna-Chakra (gemäß der vedischen Tradition; ajna = wahrnehmen) oder Stirn-Chakra, Fenster von Brahma (Hinduismus), Auge des Horus (Ägypten), Himmelsauge (China), Niwan-Palast (Taoismus) oder Sitz der Seele (Descartes). Man nennt es auch das Tor zur Weisheit. Es verbindet uns mit der geistigen Welt und lässt uns Dinge wahrnehmen, die sich außerhalb der üblichen Wahrnehmung durch unsere Sinne befinden.

Organisch lässt sich das dritte Auge der Zirbeldrüse, lateinisch “Epiphyse” (englisch “Pineal Gland”), zuordnen. Der deutsche Biophysiker Dieter Broers spricht in seinen Vorträgen von einem “Hirnorgan, das uns erst zu einem Menschen macht”. Die Zirbeldrüse ist der Dirigent, der Hauptrhythmusgeber, der alle anderen Drüsen taktet und aufeinander abstimmt – quasi wie in einem riesigen Orchester.

Diese winzig kleine Drüse von der Größe eines Reiskorns sitzt im Zentrum unseres Gehirns. Und doch ist sie nicht für unseren Verstand zuständig, sondern für die “höheren Moleküle”, d.h. die höheren Seinszustände der geistigen Ebene, insbesondere für die spirituellen Aspekte des Menschen.

Es ist das Organ, das unsere innere Weisheit widerspiegelt und damit die Fähigkeit, all unsere Herausforderungen im Alltag zu meistern, indem es eine Verbindung herstellt zwischen Körper und Geist und uns mit der geistigen Welt verbindet und uns Dinge wahrnehmen lässt, die sich außerhalb der üblichen Wahrnehmung durch unsere Sinne befinden.

Durch Öffnung des Dritten Auges lassen sich Erkenntnisfähigkeit und Intuition, innere „Sehfähigkeit“ und Hellsichtigkeit, Vorstellungskraft und Phantasie, Empathie und Weisheit, geistige Klarheit und Selbsterkenntnis, Gedächtniskraft und übersinnliche Wahrnehmung steigern und Erkenntnis über höhere Wirklichkeiten über das

Alltagsbewusstsein hinaus gewinnen. Ein erwecktes drittes Auge bedeutet auch, ein Gefühl der Liebe, der Bewusstheit, der Erkenntnis und des Mitgefühls zu erlangen.

Der Prozess des Erwachens beginnt mit der Entkalkung der Zirbeldrüse, um das Ajna-Chakra zu öffnen. Dies bereitet den Weg, um sich mit dem Universum bzw. um seinen physischen Körper mit seiner Seele zu verbinden.

Der Inhalt des Buches wird dich verstehen lassen, dass wir Menschen alle miteinander verbunden sind. Es gibt nichts Trennendes zwischen uns, auch wenn es uns oft so erscheinen mag, besonders wenn wir an Zeitgenossen denken, die uns nicht sehr sympathisch sind. Allein diese Erkenntnis gibt dir die Möglichkeit, Negativitäten in deinem Leben loszulassen. Für den ein oder anderen mag dies zunächst sehr esoterisch klingen. Heute ist man allerdings schon in der Lage, diese Verbindungen auch physikalisch nachzuweisen. Allein wenn wir in einem Raum sitzen, gemeinsam mit Menschen in unserer unmittelbaren Nähe, so haben wir auch nach Verlassen des Raumes noch eine Verbindung zu diesen Personen, die sogar über 400 km Entfernung nachweisbar ist, selbst wenn wir nicht mit ihnen verbal kommuniziert haben. Spannend hierzu sind auch die Experimente am europäischen Kernforschungszentrum CERN, bei denen es Physikern gelang, die Wechselwirkung von Protonen, die in verschiedene Richtungen geschossen wurden, über eine große Entfernung nachzuweisen.

Nimm dir die Zeit und lies dieses Buch, um zu verstehen, wie Du deinen Geist und dein drittes Auge öffnen kannst. Es ist das Tor in deine Freiheit! Ich wünsche dir dabei viel Erfolg.

1. Was macht die Zirbeldrüse eigentlich?

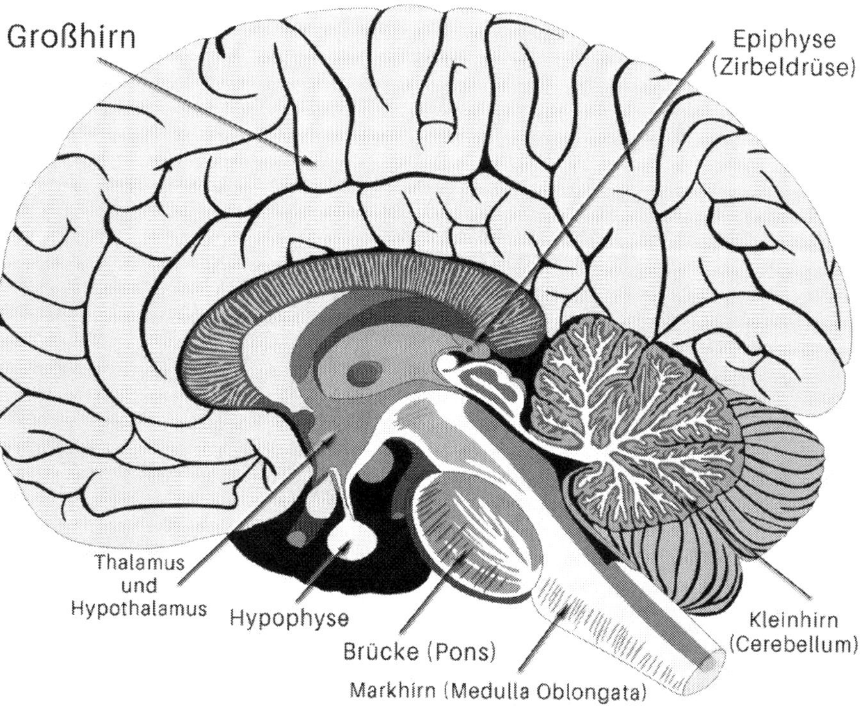

- Die Zirbeldrüse ist ein winziges Organ im Gehirn, das trotz seiner geringen physischen Größe eine immense Bedeutung hat. Im Laufe der Evolution hat sie sich stark beim Menschen zurückgebildet und ist von etwa drei Zentimetern auf nur noch wenige Millimeter geschrumpft. Diese kleine Drüse in der Form eines Pinienzapfens sitzt im Zentrum des Gehirns am oberen Ende des Hirnstamms zwischen den beiden

Hirnhälften, genau in der Mitte des Kopfes und auf einer Höhe mit dem Augenbrauenzentrum.

- Schon in der 7. Woche im pränatalen Zustand prägt sich diese kleine Drüse beim Menschen aus.
- Sie hat vielfältige Funktionen:
- Sie ist das Zentrum der Interaktionen zwischen rechter und linker Hemisphäre des Gehirns.
- Sie ist der Taktgeber für alle anderen Drüsen und viele Abläufe im Körper.
- Sie wandelt das am Tag produzierte „Glückshormon“ Serotonin in Melatonin um, das wiederum unsere innere Uhr steuert und den Schlaf-Wach-Zyklus reguliert. Melatonin steht in Zusammenhang mit vielen weiteren biologischen Funktionen, wie der Nierenfunktion und dem Blutdruck.
- Sie steuert die Sexualentwicklung.
- Sie schützt vor freien Radikalen.
- Sie ist für das Immunsystem von hoher Bedeutung.
- Sie erhöht unsere Intuition und Vorstellungskraft.
- Sie kontrolliert den Hypothalamus.
- Sie steuert den Biorhythmus.

- Sie ist für die Abgabe von DMT (N,N-Dimethyltryptamin), auch “The Spirit Molecule“ genannt, verantwortlich. Dies ist der mächtigste bekannte halluzinogene Neurotransmitter und wird während des Schlafes beim Träumen, bei Meditationen und vermehrt bei Nahtod-Erlebnissen ausgeschüttet, so dass Nahtod-Überlebende von außerkörperlichen Wahrnehmungen und mystischen Visionen berichten.
- Sie ist elektromagnetisch hoch sensibel und reagiert z.B. auch auf Licht. Selbst blinde Menschen reagieren darauf.
- Aufgrund ihrer hohen Dichte an Magnetit-Kristallen spricht sie in erhöhtem Maße auf das Erdmagnetfeld an mit den entsprechenden psychischen und geistigen Auswirkungen.

Zusammenfassung:

Die Zirbeldrüse ist äußerst wichtig für unsere körperliche, geistige und spirituelle Gesundheit. Wenn sie in ihrer Funktion nachlässt, setzen physische und psychische Alterungsprozesse ein.

2. Was hat die Zirbeldrüse mit dem Chakrensystem zu tun?

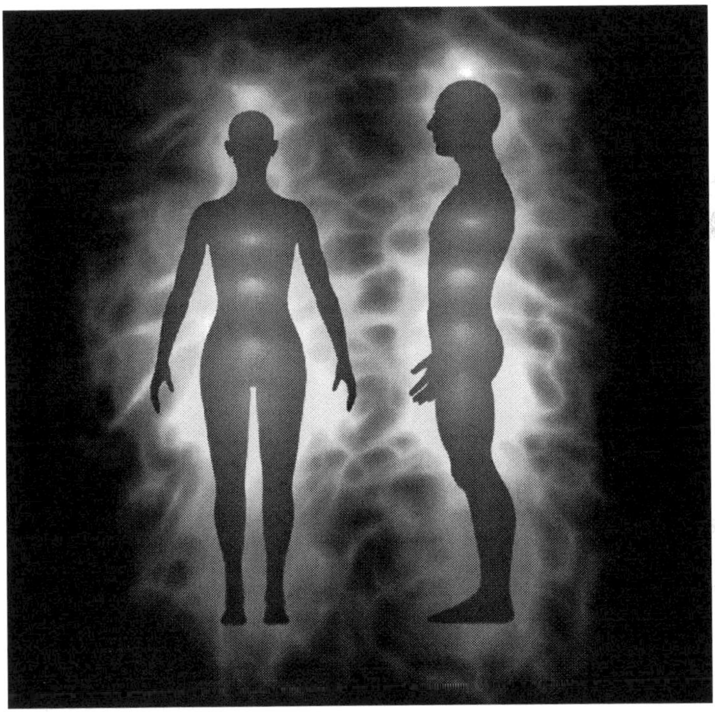

Die Zirbeldrüse ist zunächst ein physisches Organ und Teil des physischen Körpers. Dieser ist ein Teil der sog. Aura, einem Energiefeld, das den menschlichen Körper durchdringt und ihn umgibt.

Die Aura ist für die meisten Menschen unsichtbar, bis auf wenige hellsichtige Menschen, die dieses Feld als

Farbspektrum wahrnehmen können. Sie kann aber mit sog. Aurakameras[1] sichtbar gemacht werden. Sie umgibt den physischen Körper eiförmig und hat eine Ausdehnung von circa einem halben Meter um den Körper herum. Die Aura unterscheidet sich von Mensch zu Mensch in Farbe, Struktur und Form und ist abhängig vom Gemüts- und Entwicklungszustand des Menschen.

Die Aura ist untergliedert in mehrere Bereiche:

- Der physische Körper ist der Bereich der Aura, der am niedristen schwingt, nämlich der Bereich, in dem die Energie Materie geworden ist.

- Die nächste Schicht dehnt sich über den physischen Körper aus und schwingt wesentlich schneller als der physische Körper. Man spricht von dem sog. Ätherkörper, der sich bis etwa 10 cm über der Haut befindet und den Menschen umgibt. Er ist gewissermaßen die “Gussform”, in der sich der physische Körper bildet.

- Etwa 20 cm über der Haut befindet sich der Emotionalkörper, der unsere Gefühle spiegelt und repräsentiert.

- Etwa 30 cm über der Haut ist der Mentalkörper, der mit unseren gedanklichen Prozessen in Beziehung

1 http://aurakamera.de/

steht. Je mehr unser Verstand mit unseren Gefühlen übereinstimmt, um so glatter ist seine Struktur.

- Zwischen 30 bis 50 cm über der Haut liegt der sog. Astralbereich. Er stellt die Verbindung zwischen der materiellen und der immateriellen Ebene dar und ist untergliedert in einen (noch materiellen) Astralkörper, einer (bidirektionalen) Spiegelschicht und einer (immateriellen) Astralebene. Der gesamte Astralbereich steht in Verbindung mit unseren Beziehungen.

- Je weiter entfernt die einzelnen Schichten um den physischen Körper liegen, umso schneller schwingen sie. Ab der immateriellen Astralebene sind die einzelnen Bereiche so hochschwingend und feinstofflich, dass man nicht mehr von “Körper”, sondern nur noch von “Ebenen” spricht. Auch auf dieser immateriellen Ebene befindet sich eine ätherische, eine emotionale und eine mentale Ebene. Der physische Körper steht somit in Beziehung zu den immateriellen Ebenen, die von der bidirektionalen Schicht des Astralbereichs gespiegelt werden.

Innerhalb der Aura gibt es energetische Organe, die Chakren genannt werden. Das Wort Chakra kommt aus dem Sanskrit und bedeutet “spiralförmig drehendes Rad”. Diese

Chakren sind Energiezentren und ebenso Pforten zu Bewusstseinsebenen. Sie öffnen sich trichterförmig aus dem Körper heraus bis hin zum Astralbereich. Sie nehmen Energie und Informationen auf und versorgen damit alle Energiekörper, einschließlich des physischen Körpers.

Es gibt **7 Hauptchakren**, die sich auf einer Achse nahe der Wirbelsäule befinden, ausgehend vom Scheitel-Chakra bis hin zum Steißbein-Chakra. Diese Achse entspricht dem Hauptenergiekanal und wird in Sanskrit **Sushumna** genannt. In einem ausgeglichenen Zustand treffen sich hier die Wurzeln der Hauptchakren. Die Chakren sind rein energetischer Natur und nicht physischer. Dennoch versorgen sie Bereiche des physischen Körpers mit feinstofflicher Energie und Informationen. Zugleich stehen sie mit den endokrinen Drüsen des physischen Körpers in Verbindung – so auch mit der Zirbeldrüse.

Gemäß indischer Yogatradition hat jedes Chakra bestimmte Aufgaben und ist spezifischen Lebensbereichen zugeordnet.

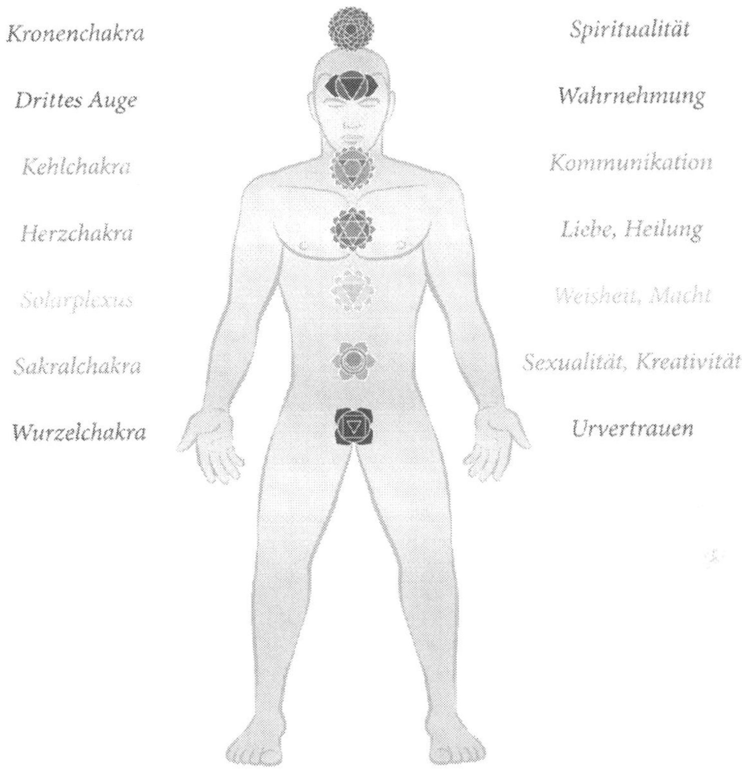

1. Das **Wurzelchakra (Muladhara-Chakra)** an der Basis der Wirbelsäule sorgt für das Überleben und die Urinstinkte wie Flucht und Kampf.
2. Das **Sakral- oder Sexualchakra (Svadhisthana Chakra)** auf Höhe des Kreuzbeins ist zuständig für die Arterhaltung und die Sexualität. Es ist den Fortpflanzungsorganen zugeordnet sowie den männlichen bzw. weiblichen Hormonen.
3. Das **Solarplexus-Chakra (Manipura-Chakra)** repräsentiert die eigene Persönlichkeit, das “Ich”

sowie die eigene Willens- und Durchsetzungskraft. Es steht u.a. in Verbindung mit den Organen des Stoffwechsels, der Bauchspeicheldrüse und den Nebennieren.

4. Das **Herzchakra (Anahata-Chakra**) in der Mitte der Brust auf Herzhöhe repräsentiert den Übergang zwischen Körper und Geist, zwischen eigener Persönlichkeit und dem Einheitsbewusstsein. Es steht für die Bindungsfähigkeit einer Person und seine Herzensgüte. Es ist der Thymusdrüse zugeordnet, die u.a. das Immunsystem steuert; außerdem ist es dem Herzorgan sowie dem Atmungs- und Gefäßsystem zugeordnet.

5. Das **Halschakra (Vishudda-Chakra**) in der Höhe der Kehle ist mit der Schilddrüse verbunden, die u.a. die körperlichen und geistigen Antriebskräfte steuert. Es steht für alle Aspekte der Kommunikation, der Selbstdarstellung und des Ausdrucks.

6. Das **Stirnchakra (Ajna-Chakra**) wird auch **Drittes Auge** genannt. Dieses Energiezentrum ist quasi die Kommandozentrale für die Zirbeldrüse (Epiphyse), die Hirnanhangsdrüse (Hypophyse) und den Hypothalamus. Es ist die Steuerungszentrale aller Hormone und des zentralen Nervensystems. Der Hypothalamus steuert Funktionen wie die

Körpertemperatur, den Salzhaushalt, alle vegetativen und endokrinen Vorgänge, Gefühle, Schlaf, Hunger und Durst.

7. Das **Kronenchakra**, das auch **Scheitel-Chakra** oder **Sahasrara-Chakra** genannt wird, befindet sich über dem Scheitelpunkt des Kopfes und ist nach oben hin geöffnet. Gemäß der indischen Yogatradition verbindet es den Menschen mit dem Göttlichen und dem Kosmischen. Durch diese Verbindung lässt sich die höchste Form von Weisheit erlangen. Es ist also quasi Wissen durch die Verschmelzung mit dem Göttlichen. Dies wird auch unter dem Begriff "Erleuchtung" zusammengefasst.

Zusammenfassung:

Chakren sind energetische Organe der Aura, einem Energiefeld, das den Menschen umgibt und ihn durchdringt. Laut der indischen Yogatradition gibt es 7 Hauptchakren, die sich entlang der Wirbelsäule befinden. Das 6. Chakra, das sog. Ajna-Chakra, wird auch drittes Auge genannt. Es ist u.a. mit der Zirbeldrüse und ihren speziellen Funktionen verbunden.

3. Was für Vorteile hat eine aktivierte Zirbeldrüse?

Die Zirbeldrüse kann für uns wunderbare Dinge vollbringen, sowohl physisch als auch psychisch und geistig. Dies ist jedoch nur möglich, wenn sie intakt ist und frei von Blockaden aller Art, sei es von Vergiftungen, von Verkalkungen sowie von negativen Glaubensmustern und Verstrahlungen. Die Zirbeldrüse ist unser Seelenorgan und verantwortlich für Bewusstseinserweiterung, das Gewahrsein und die Erkenntnis. Sie ermöglicht uns einen besseren Zugang zu unseren Intuitionen, unseren Fantasien und unserer Kreativität. Nur mit einer aktiven Zirbeldrüse können mediale Fähigkeiten erweckt werden wie Hellsichtigkeit oder Hellfühligkeit. Und nur mit einer intakten Zirbeldrüse kann Melatonin und hieraus das Halluzinogen Dimethlytryptamin (DMT) produziert werden.

Aus Studien[2] weiß man, dass die Melatoninproduktion im Lebenszyklus eines Menschen sehr unterschiedlich ist.

---

[2] http://warddeanmd.com/articles/neuroendocrine-theory-of-aging-chapter-2/

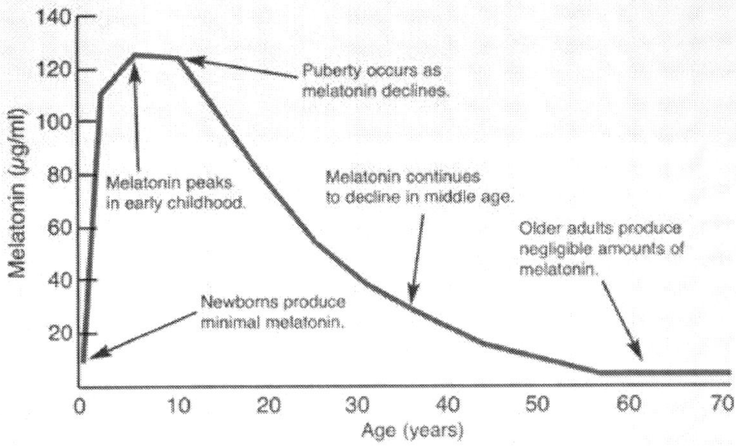

Fig. 1. Age-related decrease in hormone production in humans.

Neugeborene produzieren noch recht wenig Melatonin, dafür aber sehr viel DMT. Demzufolge ist das Gehirn von Neugeborenen und Kleinkindern noch durchsetzt mit dem halluzinogenen Neurotransmitter. Sie sind quasi noch erleuchtet.

Dann steigt der Melatonin-Spiegel rapide an bis zum 15. und 16. Lebensjahr. Kinder weisen wesentlich höhere Melatonin-Werte auf als Erwachsene. Der Melatonin-Anteil im Blutspiegel nimmt aber mit zunehmendem Alter drastisch ab. Ab einem Alter von 60 bis 70 Jahren wird fast kein Melatonin mehr produziert, was oftmals mit Schlafstörungen im Alter einhergeht.

Doch Melatonin ist weit mehr als nur ein Schlafhormon. Inzwischen gibt es Studien, die andere dramatische Zusammenhänge bei Melatonin-Mangel aufzeigen. So führt ein Mangel an Melatonin zu starken Depressionen bis hin zum Selbstmord und psychischen Erkrankungen wie Schizophrenie. Auf jeden Fall konnte man feststellen, dass Depressive und Schizophrenie-Erkrankte einen signifikanten Melatonin-Mangel aufweisen.

Melatonin gilt zudem als Anti-Stress-Hormon[3], da sog. "Stressoren" (stressauslösende Substanzen wie die in den Nebennieren produzierten Kortikosteroide) kontrolliert und vernichtet werden können.

Prof. Dr. Dr. Walter Pierpaoli aus der Schweiz bzw. Italien und Dr. William Regelson aus den USA, zwei der profiliertesten Wissenschaftler auf dem Gebiet der Altersforschung, nennen Melatonin gar ein "Wunderhormon" bzw. "Unsterblichkeitshormon" und den Schlüssel zu ewiger Jugend, Gesundheit und Fitness[4]. Laut ihrer Forschung ist Melatonin in der Lage, den Alterungsprozess ganz erheblich zu verlangsamen und Krankheiten wie Krebs, Parkinson oder Alzheimer vorzubeugen.

Durch Melatonin kann die DNA in den Körperzellen vor Veränderungen durch Viren und durch Karzinogene

---

3 http://warddeanmd.com/articles/neuroendocrine-theory-of-aging-chapter-2/

4 https://www.schallers-gesundheitsbriefe.de/archiv-der-gesundheitsbriefe/archiv-12/melatonin-schluessel-zu-ewiger-jugend-gesundheit-und-fitness-1/

(krebsauslösende Vektoren) geschützt und das Immunsystem gestärkt werden. Es ist eines der wirksamsten "Antioxidantien" und sorgt für die Vernichtung von sogenannten "freien Radikalen" (das sind Moleküle mit einem freien Sauerstoffatom, die eine Schädigung der Zellmembran verursachen und Krebs hervorrufen können).

Ohne die Produktion von Melatonin kann auch kein N, N-Dimethyltryptamin, oder kurz DMT, produziert werden. DMT ist ein halluzinogener Wirkstoff, der auch in einer Vielzahl von Pflanzen, Pilzen und auch einigen Tieren vorkommt.

In Südamerika ist die Nutzung von DMT-haltigen Pflanzen und ihre Zubereitung, wie Ayahuasca, Jurema mit Mimosa hostillis weit verbreitet, speziell im Rahmen von schamanischen Zeremonien, um dabei sozusagen "über den Tellerrand" zu blicken.

DMT spielt eine fundamentale Rolle im menschlichen Bewusstsein. Es wird auch als Geistmolekül (oder englisch "spirit molecule"[5]) bezeichnet, das die Fähigkeit besitzt, uns von einem Geisteszustand zu einem anderen zu führen. Bei bestimmten Erlebnissen, wie der Geburt oder bei Nahtoderlebnissen, werden besonders hohe Mengen an DMT ausgeschüttet. Aber auch jede Nacht, wenn die Produktion von Melatonin stattfindet, wird während der REM-Phasen, in denen wir träumen, DMT ausgeschüttet. In diesen Momenten

---

[5] https://www.rickstrassman.com/books/the-spirit-molecule/

bekommen wir Zugang zu unseren höheren Sphären, nur dass wir uns daran leider oft nicht mehr erinnern können, wenn wir aufwachen.

Aber es gibt Möglichkeiten, die Ausschüttung von DMT anzuregen, während wir im Wachzustand sind – ganz ohne künstliche Zufuhr von DMT. Hierzu später mehr.

Zusammenfassung:

Eine aktive Zirbeldrüse hat einen erheblichen Einfluss sowohl auf unsere physische und psychische als auch auf unsere geistig-spirituelle Gesundheit. Nur wenn sie aktiv ist, wird auch Melatonin und somit DMT produziert. Eine Gesunderhaltung bzw. eine Aktivierung der Zirbeldrüse ist daher in mehrfacher Hinsicht wichtig.

4. Was hindert die Zirbeldrüse an ihrer Funktion?

Durch viele unserer täglichen Gewohnheiten vergiften, verkalken und verstrahlen wir die Zirbeldrüse und hindern sie an ihrer Funktion.

Fluorid

Fluorid ist ein gefährliches Gift mit einer Toxizität, die oberhalb der Giftigkeit von Blei und Arsen liegt. Daher finden Fluoride auch ihren Einsatz in Rattengift und Insektiziden.

Fluoride werden in der Zirbeldrüse akkumuliert, so dass sie die höchste Konzentration von Fluorid im menschlichen Körper hat. Durch Fluor werden in der Zirbeldrüse kleine Kristalle gebildet. Dadurch verkalkt sie, wird blockiert und das Bewusstsein kann sich nicht entwickeln. Fluoride sind daher Gift für diese Drüse, das sogar dazu führen kann, dass sie sich ganz schließt.

Wir finden Fluorid im Trinkwasser, in Zahnpasta, Mundwasser, Speisesalz, Kosmetika, Antibiotika, Brot, in verarbeiteten Fleischwaren, Milch, Schokolade und manchen Weinen aus den USA, da die Reben dort oft mit Fluorid-haltigen Pestiziden gespritzt werden.

Auch bei der **zahnärztlichen Prophylaxe** werden üblicherweise hochdosierte Fluorid-Gels verwendet. Selbst Kindern und sogar Babys verabreicht man Fluorid, um sie gegen Karies zu wappnen. Obwohl Fluor seit über 20 Jahren offiziell als Karieshemmer gilt, wurde jedoch bis heute kein einziger positiver Nachweis der Kariesprophylaxe erbracht. Im Gegenteil, denn Feldstudien konnten sogar zeigen, dass in Regionen ohne fluoriertes Trinkwasser weit weniger Karies auftrat und in Regionen mit fluoriertem Wasser dagegen Zahnfluorose, die Krebsrate und Osteoporose stiegen.[6]

In sehr geringen Mengen ist Fluorid harmlos und kommt auch in der Natur vor, jedoch nie pur, sondern ausschließlich in Verbindung mit anderen Elementen wie Kalzium und Natrium.

Die oben genannten Produkte enthalten jedoch ein nicht natürlich vorkommendes Fluorid und das in einer Konzentration, die die Sicherheitsgrenze bei Weitem überschreitet. Außerdem summieren sich die verschiedenen Fluorid-Zugaben, die oft täglich dem Körper zugefügt werden.

Eine weitere Fluorid-Falle besteht in antihaftbeschichteten **Teflon**®-Pfannen mit ihrem dreilagigen Fluorpolymersystem. Die bei der Herstellung verwendeten perfluorierten Tenside (PTFE) gelten gemäß der Europäischen Behörde für Lebensmittelsicherheit (EFSA) als

---

[6] https://www.zentrum-der-gesundheit.de/fluoridierung-ia.html

gesundheitsschädlich. Dennoch dürfen Teflon-Pfannen weiter vertrieben werden.

“Teflon® ist nicht nur in Pfannen enthalten, sondern wird auch verwendet in fettabweisenden Pizzaschachteln, Fast-Food-Behältern, Popcorntüten für die Mikrowelle sowie im Verpackungsmaterial für Backwaren, Getränke und Süßigkeiten, in Gore-Tex, wasserabweisender Kleidung und schmutzabweisende Textilwaren, Teppichen, Löschschaum, Computerchips und Telefonkabeln.”[7]

Brom

Auch Brom kann sich in der Zirbeldrüse ansammeln, sie verhärten und verkalken. Brom ist ein Element, das in vielen anorganischen Substanzen natürlich vorkommt. Organisches Brom dagegen wurde vom Menschen in die Umwelt freigesetzt und kommt nicht natürlich vor. Es wird beispielsweise in Insektensprays verwendet. Doch derartige Sprays sind nicht nur schädlich für Insekten, sondern auch für den Menschen, der das Spray über Nase und Haut aufnimmt. Es schädigt Niere, Lunge, Milz, das Nervensystem, den Magen-Darm-Trakt und verändert das genetische Material. Organisches Brom wird auch als Desinfektions- und Pflanzenschutzmittel in Gewächshäusern und auf Ackerböden verwendet, mit seinen fatalen Auswirkungen für Tiere und Menschen, die es über den Nahrungskreislauf aufnehmen.[8]

[7] https://www.zentrum-der-gesundheit.de/teflon-ia.html

Kalziumpräparate

Kalzium kann nur dann vom Körper verarbeitet werden, wenn ausreichend Vitamin D vorhanden ist. Ein Großteil der Deutschen leidet jedoch unter Vitamin-D-Mangel. Sei daher vorsichtig, wenn Du künstliche Kalziumpräparate als Nahrungsergänzung verwendest, wie Di-Kalziumphosphat, Kalziumcarbonat und Kalziumphosphat. Diese sind Mitverursacher der Verkalkung der Zirbeldrüse. Bei einem Kalziummangel sind natürliche Kalziumlieferanten nützlicher wie Brokkoli, Orangen, Quinoa, Kohl, Spinat, Chiasamen und Sesamsamen.

Quecksilber

Quecksilber ist eines der schwersten und giftigsten Metalle, noch giftiger als radioaktive Metalle. Es verursacht ernsthafte Hirnschäden, einschließlich an der Zirbeldrüse. Viele Impfstoffe enthalten Quecksilber. Dies ist insbesondere sehr gefährlich, wenn Kleinkinder bereits geimpft werden und mitunter bis zu 8 Impfungen erleiden müssen, noch bevor sich ihr Immunsystem ausgebildet hat, sodass sich ihre Zirbeldrüse erst gar nicht entwickeln kann, da sie von Anfang an blockiert wird. Auch der Grippeschutzimpfstoff enthält Quecksilber, sodass sich die Frage nach dem Sinn dieser Impfung jeder selbst beantworten sollte.

---

[8] https://www.lenntech.de/pse/elemente/br.htm

Zahnfüllungen speziell aus Amalgam enthalten ebenfalls Quecksilber und führen zur Verkalkung der Zirbeldrüse. Amalgam gibt kleine Mengen an giftigem Quecksilber ab. Die Folgen sind u.a. Kopfschmerzen, psychische Veränderungen, Konzentrationsprobleme, schlechtes Erinnerungsvermögen, Depressionen und anhaltende Erschöpfungszustände.

"Allein für die in den alten Bundesländern gelegten Amalgamfüllungen werden rund 22 Tonnen giftiges Quecksilber pro Jahr verbraucht. ... Zahnärzte und Helferinnen sind durch den Umgang mit Amalgam extrem gefährdet. ... Die Lebenserwartung von Zahnärzten ist im Vergleich zu anderen Berufsgruppen am niedrigsten."[9]

Auch beim Verzehr von Fisch ist Vorsicht angesagt. Fisch gilt allgemein als gesund. Aber man sollte wissen, dass der Grenzwert von Quecksilber für bestimmte Fischarten inzwischen hochgesetzt wurde, sodass sie trotz eines hohen Quecksilbergehaltes im Handel weiterhin verkauft werden dürfen. Hierzu gehören beispielsweise Schwertfisch, Thunfisch, Barsch, Hecht, Makrele, Stör, Heilbutt, Rotbarsch, Dorsch und Seeteufel. Die Herkunft der Fische hat natürlich einen großen Einfluss auf ihren Quecksilbergehalt. Am wenigsten belastet sind Fische aus großen Ozeanen.

Pestizide

---

[9] http://www.zahnheilkunde-uelzen.de/amalgam.html

Pestizide wie zum Beispiel Roundup (Glyphosat) sind hoch toxisch und tragen erheblich zur Verkalkung der Zirbeldrüse bei. Man findet sie in Nahrungsmitteln, im Wasser und in der Umwelt.

Weitere Giftstoffe

Künstliche Süßungsmittel wie Aspartam, Sucralose und Saccharin, Raumdüfte mit synthetischen Duftstoffen, chemische Reinigungsmittel, Deodorants, Produkte mit E-Nummern und Phylenanine sind ebenfalls Substanzen, die die Zirbeldrüse vergiften und blockieren. Weiterhin können die zahlreichen Giftstoffe in Tabak, Alkohol, Koffein und Zucker, der sich in nahezu jedem verarbeiteten Lebensmittel befindet, Auslöser einer Zirbeldrüsenverkalkung sein.

Schlafrhythmus und künstliches Licht

Zur Produktion von Melatonin bedarf es eines gesunden Schlafrhythmus. Da die Zirbeldrüse synchron mit dem 24-Stunden-Zyklus der Erdumdrehung arbeitet, ist es wichtig, einen natürlichen Tag-/Nachtzyklus zu erreichen. Wer häufig in der Nacht arbeitet und künstliches Licht verwendet, insbesondere das blaue Licht, das von Computern ausgestrahlt wird, hindert die Zirbeldrüse an ihrer Funktion.

Elektrosmog

Auch was man nicht sieht, kann schaden.

"Eine ständig steigende Anzahl wissenschaftlicher Studien belegt, dass die größte Bedrohung unserer Gesundheit (und der aller Lebensformen) gegenwärtig von der schleichenden, allgegenwärtigen und unsichtbaren Verschmutzung unserer Umwelt ausgeht, die man Elektrosmog nennt. Viele Gesundheitsprobleme werden mit EMR in Verbindung gebracht, einschließlich einiger Krebsarten (vor allem Tumore im Gehirn, im Auge oder Ohr sowie Leukämie), Fehlgeburten, Missbildungen, chronische Müdigkeit, Kopfschmerzen, Stress, Schwindel, Herzprobleme, Autismus, Lernstörungen, Schlaflosigkeit und Alzheimer. ... Die Beeinträchtigung unseres hormonellen Gleichgewichts ist womöglich eine der bedenklichsten Auswirkungen von EMR ... Es ist überflüssig zu betonen, wie wichtig es ist, dass der Körper täglich angemessene Mengen von Melatonin produziert. Unglücklicherweise kann das Schlafen in einem Raum, der all unsere heißgeliebten elektrischen Geräte enthält – drahtloses Telefon, Handy, Digitaluhr, CD-Player, Radio, Computer und Fernsehgerät – unsere nächtliche Produktion von Melatonin stark hemmen. Man nimmt an, dass elektromagnetische Strahlung auf eben diesem Weg ihre schädlichen Nebenwirkungen entfaltet."[10]

Handywellen[11], WLAN, Satelliten, gepulste Mikrowellen von Mobilfunksendern, Mikrowellengeräte, Handymasten,

---

[10] https://www.nexus-magazin.de/artikel/lesen/elektrosmog-und-hormonstoerungen
[11] Aussagen des Physikers Prof Dr. Konstantin Meyl zu Mobilfunk, https://www.youtube.com/watch?v=IwM0PyQiQV8

Mehrfachsteckdosen, DECT-Schnurlostelefone etc. bauen allesamt linkspolarisierte elektromagnetische Felder auf. Diese verlaufen genau entgegen gesetzt zu unserem natürlichen Energiefeld, das bis auf den Darm rechtsdrehende Eigenschaften hat. Linksdrehende Felder entziehen dem Körper Energie und fügen nicht nur der Zirbeldrüse großen Schaden zu.

Unterschätze auch nicht die Strahlung von Headsets mit ihrer höchst gefährlichen Bluetooth-Technologie. Laut des Instituts für Umweltanalytik[12] "*... halten Freisprecheinrichtungen die Hände zwar frei. Vor Strahlung schützen sie nicht. Im Gegenteil: Sie leiten den Elektrosmog vom Handy direkt ins Ohr. Sämtliche Freisprecheinrichtungen nehmen die Strahlung der Handy-Antenne auf und leiten sie bis zum Ohr. Die gepulsten Mikrowellen werden von kritischen Medizinern für eine Reihe von Wirkungen im Körper verantwortlich gemacht - etwa Veränderungen der Hirnströme, Kopfschmerzen, Nervosität und Schlaflosigkeit. Deswegen sind die Freisprecheinrichtungen, die die Strahlung bis direkt an den Kopf leiten, nicht empfehlenswert.*"

Stress, Erschöpfung und Mangel an spiritueller Praxis

---

[12] http://www.umweltanalytik.com/ing104.htm

Durch zu viel Stress werden die Chakren blockiert. Wer unter ständigem Druck ist und sich nicht die Zeit nimmt, um hin und wieder zu meditieren bzw. sich in spiritueller Praxis zu üben, blockiert mit der Zeit seine Zirbeldrüse. Sie ist wie ein Muskel, der ab und zu trainiert werden muss.

Zusammenfassung:

Die folgenden Faktoren beeinträchtigen maßgeblich die Funktionen der Zirbeldrüse:

- Fluorid (Vorkommen: Leitungswasser, Zahnpasta, Mundwasser, Speisesalz, Kosmetika, Antibiotika, Brot, verarbeitete Fleischwaren, Milch, Schokolade, Teflonpfannen, fettabweisende Pizzaschachteln, Fast-Food-Behälter, Popcorntüten, Verpackungsmaterial für Backwaren, Getränke und Süßigkeiten, Gore-Tex, Teppiche, Löschschaum, Computerchips und Telefonkabel)
- Brom (Insektensprays, Desinfektions- und Pflanzenschutzmittel)
- Quecksilber (Impfung, Amalgam, Speisefische)
- Kaliziumpräparate als Nahrungsergänzung
- Pestizide
- künstliche Süßungsmittel

- Raumdüfte mit synthetischen Duftstoffen
- Chemische Reinigungsmittel
- Deodorants
- Produkte mit E-Nummern und Phylenanine
- Tabak, Alkohol, Koffein, Zucker
- Verarbeitete Lebensmittel
- Ungesunder Schlafrhythmus (künstliches Licht, blaues Computerlicht)
- Elektrosmog (WLAN, Handy, DECT, Bluetooth etc.)
- Stress und mangelnde spirituelle Praxis

5. Wie kann ich feststellen, ob meine Zirbeldrüse funktioniert?

Um festzustellen, ob deine Zirbeldrüse noch intakt ist und funktioniert, lies die folgenden Aussagen. Je mehr Aussagen auf dich zutreffen, umso höher ist die Wahrscheinlichkeit, dass deine Zirbeldrüse noch intakt ist:

- Meditieren bereitet keine Mühe.
- Du kannst dich gut an deine Träume erinnern.
- Du hast nicht das Gefühl, verloren zu sein oder getrennt von der Quelle.
- Wenn du die Augen schließt, fällt es dir leicht, Farben zu visualisieren. Um sich etwas plastisch vorzustellen, braucht es die Aktivität der Zirbeldrüse.
- Du hast keine Schlafprobleme. Ein gesunder Schlaf-Wach-Rhythmus ist die Voraussetzung für das Funktionieren der Zirbeldrüse.
- Du bist kreativ und gut konzentriert.
- Du kannst dich leicht daran erinnern, wann du das letzte Mal voller Glück und Freude warst.
- Du hast keine Depressionen und bist in deiner Mitte.

- Du bist ein eher geduldiger Mensch.
- Du vergisst selten etwas.
- Du bist nicht abergläubisch.
- Du tadelst selten das Verhalten deiner Mitmenschen.
- Du fühlst dich nicht ausgegrenzt.
- Du machst dir nur selten Sorgen, bist nicht ängstlich und vertraust dem Leben.
- Du zweifelst weder an dir noch an anderen.
- Du empfindest dich in Harmonie und Liebe mit deiner Umgebung.

Wenn du die meisten dieser Aussagen bejahen konntest, dann scheint deine Zirbeldrüse noch intakt zu sein. Wenn nicht, dann besteht die Möglichkeit, dass sie bereits verkalkt ist. Dann solltest du sie reinigen und aktivieren. Welche Möglichkeiten es hierzu gibt, zeige ich im folgenden Kapitel.

6. Wie kann ich das dritte Auge öffnen?

Der Prozess, das dritte Auge zu öffnen, beginnt mit der Reinigung und Aktivierung der Zirbeldrüse. Damit bist du in der Lage, dein energetisches Zentrum für Weisheit, Erkenntnis, Intuition, Wahrnehmung, Phantasie, Vorstellungskraft und Selbsterkenntnis zu öffnen. Anschließend ist es wichtig, weitere Verkalkungen zu vermeiden.

Hierzu gehört natürlich eine Umstellung der Ernährung und der Lebensweise. Dies sollte auf jeden Fall mit auf deinem Programm stehen. Darüber hinaus stelle ich dir weitere hoch wirkungsvolle Instrumente und Techniken vor, um den Prozess der Aktivierung zu beschleunigen.

Es gibt viele Wege, um das dritte Auge zu öffnen. Beschreite den einen oder anderen Weg oder wähle eine Kombination davon. Das bleibt dir überlassen. Letztendlich ist es die Übung, die den Meister macht und entscheidet, wie erfolgreich du bist.

6.1 METHODEN ZUR REINIGUNG

Zunächst ist es wichtig, die sich über die vergangenen Jahre in der Zirbeldrüse angesammelten Fluoride und sonstigen Schadstoffe aufzulösen. Die Zersetzung der Kalkkapsel um die Zirbeldrüse lässt sich mittels diverser Fischöle, Mikroalgen, Kokos- und Zedernnussöl sowie durch zahlreiche weitere Mittel unterstützen. Sobald der Kalk gelöst ist, kann sich auch das darin enthaltene Fluorid lösen.

Ich stelle dir hier unter anderem eine energetische Methode vor, um deine Zirbeldrüse zu reinigen. Dies ist eine der schnellsten und wirkungsvollsten Methoden. Und du erfährst von einer Vielzahl weiterer Methoden, die auf physische Weise die Zirbeldrüse von Schadstoffen befreien. Du kannst die Methoden auch kombinieren.

Energische Reinigung über Zahlencodes

Die Methode der Heilung über Zahlencodes stammt von dem russischen Hellseher, Heiler und Spezialist der Energieinformatik Grigori Grabovoi. Sie funktioniert rein über die Geistesebene, besser gesagt über das Unterbewusstsein. Allein durch unser Unterbewusstsein kann der eigene Körper veranlasst werden, sich zu regenerieren und sich selbst zu heilen – ohne jegliche Hilfsmittel.

Grabovoi entwickelte einzigartige Zahlenkombinationen und zahlreiche weitere geistige Methoden, um die Gesundheit wiederherstellen. Er zeigt, wie jeder sich selbst von allen möglichen Erkrankungen heilen und als Schöpfer alle Ereignisse seiner Realität steuern kann. Dies betrifft sowohl die allgemeinen Lebensumstände, eine Verbesserung des Finanzflusses bis hin zur Bewusstseinserweiterung und spirituellem Wachstum. Alles kann wieder in die ursprüngliche Ordnung zurückgeführt oder "in die Norm gebracht werden". Diese Zahlencodes wirken immer.

Für Mathematiker ist diese Heilungsmethode nach Zahlencodes auch gar nicht so abwegig. Alles in und um uns ist nach Zahlensystemen aufgebaut. Auch Musik, Farben und Töne sind letztendlich Systeme von Schwingungen und Zahlen.

Der Zahlencode zum **Ausleiten von Fluorid aus der Zirbeldrüse** und deinem Körper lautet:

16218391499

Es gibt verschiedene Möglichkeiten, diesen Code auf seinen Körper einwirken zu lassen. Suche dir davon etwas aus, was sich für dich gut anfühlt und wiederhole es mehrmals am Tag für einige Tage.

- Schreibe den Code auf einen Zettel und lege den Zettel für mindestens 11 Minuten unter ein Glas Wasser. Trinke das Wasser innerhalb der nächsten 2 Stunden.
- Lege den Zettel mit dem Code direkt auf deine Stirn, während du ein Schläfchen machst.
- Trage den Code einfach bei dir, z.B. in deiner Jackentasche.
- Visualisiere den Code vor deinen inneren Augen, indem du ihn gedanklich mit riesigen Zahlen in die Luft malst. Atme dabei alles Störende aus.
- Schreibe den Code auf einen Körperteil.

Activator X

Die Bezeichnung „Activator X“[13] geht zurück auf Forschungen des Zahnarztes Dr. Weston Price aus Cleveland/USA, der auch als der „Isaac Newton of Nutrition“ bekannt war. Er war Wissenschaftler und Zahnarzt im frühen 20. Jahrhundert. Activator X hat nicht nur für die Zahngesundheit zahlreiche positive Effekte, sondern auch bei der Entkalkung der Zirbeldrüse, der Entgiftung von Schwermetallen wie Quecksilber und bei der Förderung der Konzentrationsfähigkeit.

Es ist das Vitamin K2 bzw. die Isoform MK-4 (Menatetrenone). Bis heute ist aber nicht sicher, welcher Wirkstoff entscheidend bei der Entkalkung der Zirbeldrüse ist, ob K2 oder MK4.

Activator X findet man mit einem hohen Anteil beispielsweise in verschiedenen Fischölen (z.B. Rochen-Lebertran, Kabeljau- Lebertran oder Seekatzen-Lebertran).

Anwendung:

---

[13] Der US-Wissenschaftler und Zahnarzt Dr. Weston Price war entsetzt über den verheerenden Zahnzustand seiner Patienten und untersuchte verschiedene sog. „Naturvölker“, die offensichtlich keinerlei Zahnprobleme hatten. Er fand heraus, dass unabhängig von der ethnischen Herkunft deren Ernährungsformen immer drei fettlösliche Vitamine enthielten: Vitamin A, Vitamin D und eine Substanz, deren chemische Struktur er nicht näher entschlüsseln konnte und die er „Activator X“ nannte.
Er fand „Activator X“ in hohen Konzentrationen in Butter von Weidekühen, Insekten, Ölen von Chimären (Seekatzen, Seeratten), in bestimmten Fischeiern, Schalentieren, Krebsen und in Fleisch von Tieren aus Freilandhaltung.

Fischöle sind in flüssiger Form wirkungsvoller als in Kapselform, sollten aber immer im Kühlschrank aufbewahrt werden. Die Tagesdosis liegt bei 20 Tropfen pro Tag. Danach genügen zur allgemeinen Gesunderhaltung 1-5 ml pro Tag. Damit sich signifikante Effekte einstellen, wird die Einnahme über einen Zeitraum von ca. 3 Monaten empfohlen.[14]

Rohkakao

Aufgrund seiner hochkonzentrierten Antioxidantien entgiftet Rohkakao (nicht Schokolade!) die Zirbeldrüse und stimuliert sie gleichzeitig. Die Kakaobohne kann ihre volle Wirkung nur in roher Form entfalten, wenn sie nicht über 42 Grad C erhitzt wird. Durch das Hinzufügen von Zucker und Milch wird die heilende Wirkung der Kakaobohne zerstört und die Antioxidantien der Kakaobohne blockiert. Nur in rohem Zustand hat Kakao 30 Mal mehr Antioxidantien als grüner Tee.

Zitronensäure

Zitronensäure und organische Zitronen haben ebenfalls eine positive Wirkung zur Entkalkung.

Anwendung:

[14] Dr. Pete Peterson, ein ehemaliger US-Regierungsmitarbeiter, Whistleblower und Zeuge eines Mind-Control-Programms, war offensichtlich gut informiert, warum Fluorid als Standard- Nahrungsergänzungsmittel weltweit vertrieben wird. Er erklärte aber auch, dass es relativ einfach möglich sei, diesen Effekt der Zirbeldrüsenverkalkung mittels Fischöl von Chimären / Seekatzen umzukehren.

Täglich 3 TL Zitronensäure oder sieben Bio-Zitronen vor dem Essen für zwei bis drei Wochen. Vermische sie mit einem guten Quell-/Mineralwasser.

Knoblauch

Knoblauch trägt zur Entgiftung bei, indem es Kalzium auflöst. Darüber hinaus wirkt es auch als Antibiotikum und stärkt das Immunsystem.

<u>Anwendung:</u>

Verwende täglich eine halbe Knoblauchzehe zerkleinert in frischem Zitronensaft oder in Apfelweinessig eingeweicht. Besonders wirksam ist der schwarze Knoblauch.

Roher Apfelweinessig

Roher Apfelweinessig enthält Apfelsäure und entkalkt den gesamten Körper.

Anwendung:

Verwende Apfelweinessig nur aus Glas- und nicht aus Plastikflaschen. Du kannst ihn mit etwas Wasser verdünnen oder als Dressing verwenden.

Niembaumextrakt

Niembaum ist schon lange als Heilpflanze bekannt und spielt in der Ayurvedischen Medizin eine große Rolle. Er wurde schon in alten Sanskrit-Schriften erwähnt. Seine Bestandteile haben viele positive Wirkungen. Sie sind fungizid, viruzid, insektizid, pestizid, entzündungshemmend und sind ein hervorragendes Antibiotikum.

Anwendung:

Beachte bei der Einnahme von Niembaumextrakt immer die jeweiligen Empfehlungen. Nimm es niemals auf nüchternen Magen ein.

Oreganoöl

Oregano zählt zu den kraftvollsten Kräutern mit wirkungsvollen natürlichen Antibiotika. Oreganoöl wirkt auch bei Pilzinfektionen aller Art sowie gegen resistente Bakterien und Darmparasiten und ist bestens geeignet, um den Organismus bei der Entgiftung zu unterstützen.

Anwendung:

Oreganoöl in ein Glas Wasser geben (1 bis 5 Tropfen pro Glas)

Borax (Natriumborat)

Borax enthält die lebenswichtigen Elemente Borsäure und Bor. Es hilft, das losgelöste Fluorid aus dem Körper heraus zu schwemmen. Es löst Kalk und hilft bei der Ausleitung, um den Körper von Fluoriden zu befreien.

Anwendung:

- 300 mg Borax auf einen Liter fluoridarmes Mineralwasser. Keinesfalls mehr! Zusätzlich eine Prise fluoridfreies Steinsalz. Die Mischung gut schütteln und über den Tag verteilt trinken. Man kann sich auch mit der Mischung einen Tee zubereiten.
- Sollte dir die Mischung zu kräftig sein, dann schwäche sie ab. Lege nach 5 Tagen eine 2-tägige

Pause ein, damit sich dein Körper wieder etwas beruhigen kann. Es kann sein, dass es zu leichten Nierenschmerzen oder Verspannungen, Kopfdruck oder leichtem Schwindel kommt, da das Fluorid gelöst und durch den Blutkreislauf geschickt wird. Dies ist Teil der Heilung und kein Grund zur Besorgnis.

- Alternativ kannst Du Borax auch in Magnesiumöl auflösen und damit großflächig deinen Körper, wie beispielsweise deine Beine, einmassieren. Lasse die Mischung für eine Stunde einwirken. Dies ist vor allem für diejenigen zu empfehlen, die die orale Einnahme von Borax nicht vertragen.

  Borax-Magnesium-Mischung herstellen: Gebe 500 g Magnesiumchlorid, 100 g Borax und einen Liter erhitztes destilliertes Wasser in eine große Flasche und schüttele die Mischung gründlich durch. Pro Anwendung verwende circa 15 ml der Mischung. Wenn Du möchtest, kannst Du noch das organische Lösungsmittel DMSO 99,99% (Dimethylsulfoxid) hinzufügen, damit die Borax-Magnesium-Mischung besser in die Haut einzieht.

Jod

Klinische Tests konnten zeigen, dass Jod den Fluoridabbau über den Urin verstärken kann. Unsere Ernährung ist meist arm an Jod, da sie wenig Seefisch enthält. Um Jod aufzunehmen, solltest Du aber kein künstlich jodiertes Salz nehmen, sondern auf Meeresgemüse wie Dulse- oder Arame-Algen oder Hijiki-Algen ausweichen.

Hinweis: Eine Entgiftung von Fluorid mittels Jod hat den Nachteil, dass dem Körper wertvolles Kalzium entzogen wird. Daher ist es besser, auf eine natürliche Kalzium-Jod-Magnesium-Quelle auszuweichen, wie beispielsweise auf Sango-Meereskorallen mit einer natürlichen Mischung an essentiellen Mineralstoffen aus dem Meer.

Tamarindenblätter

Zur Ausleitung von Fluoriden sind die Blätter des Tamarindenbaums hilfreich. Du kannst dir hieraus Extrakte oder einen Tee bereiten. Beziehen kann man Tamarindenblätter z.B. in asiatischen Lebensmittelläden. Tamarindenblätter haben neben der Entgiftung der Zirbeldrüse weitere gesundheitliche Vorteile. Bereits Paracelsus hat die Tamarinde erwähnt als Mittel gegen Fieber, Kopfschmerzen, Magenstörungen und vielem mehr.

Melatonin

In der amerikanischen Naturheilkunde wird Melatonin eingesetzt, um Fluoride aus dem Körper auszuleiten und die Zirbeldrüse zu entkalken. In Deutschland ist Melatonin nicht frei verkäuflich und wird nur im Ausnahmefall als Mittel gegen Jetlag verschrieben.

Hinweis: Die Vorstufe von Melatonin ist L-Tryptophan. Tryptophan ist eine essentielle Aminosäure/Eiweißbaustein und die Vorstufe von Serotonin und Melatonin. L-Tryptophan ist als Nahrungsergänzung in Deutschland zugelassen.

Schwarzkümmelöl

Schwarzer Kümmel hat seinen Ursprung im westlichen Asien. Er unterstützt das Immunsystem, wirkt antibakteriell, antihistamin, entzündungshemmend, antibakteriell und ist hilfreich bei der Zirbeldrüsen-Entkalkung.

Anwendung:

Täglich 1 EL hochwertiges kaltgepresstes Schwarzkümmelöl einnehmen.

Zeolith und Bentonit

Bentonit und Zeolith sind Heil- und Mineralerden, die Toxine stark binden können, so dass die gebundenen Gifte schnell über den Darm ausgeschieden werden können. Durch ihre hohe Absorptionskraft eignen sie sich hervorragend für die innere Anwendung. Darüber hinaus bieten sie auch einen wirksamen Schutz vor Radioaktivität und radioaktive Elemente und fördern die Quecksilber-Ausleitung aus dem Organismus.

Chaga Pilze

Chaga-Pilze sind das stärkste Antioxidans der Welt. Sie wirken entzündungshemmend, antibakteriell, helfen bei Viruskrankheiten und stimulieren die Killerzellen des Immunsystems. Außerdem wirken sie unterstützend bei der Entkalkung.

Anwendung:

- als Tee: 3-4 kleine Stücke getrocknete Pilze (ca. 10 g) mit heißem Wasser überbrühen und 1 bis 5 Tassen täglich trinken.
- Chaga-Pulver: zum Kaffee oder als Kaffeeersatz einnehmen.

Mikroalgen

Die Mikroalgen *Spirulina*, *Chlorella oder Afa-Algen* tragen zur Entgiftung des gesamten Körpers bei.

Spirulina und Chlorella: Diese Mikroalgen liefern eine hohe Dosis an essentiellen Aminosäuren, wertvollen Vitaminen, Mineralien und Spurenelementen. Chlorella kann zudem freie Gifte, insbesondere Metalle an sich binden und ausleiten, in noch größerem Maße als Spirulina und ist daher besonders für den Heil- und Regenerationsprozess zu empfehlen.

Afa-Alge**:** Hierbei handelt es sich um eine Wildpflanze aus dem Klamath-See in Oregon/USA, der 1400 m über dem Meeresspiegel liegt. Da sie wild wächst, hat sie ein noch höheres Biopotential als Spirulina und Chlorella. Sie hat eine besondere Auswirkung auf das Gehirn, sorgt für klare Gedanken, erhöht die Konzentration und leitet Schwermetalle speziell aus dem Gehirn aus. Sie enthält auch den besonderen Mineralstoff Germanium, der in Chlorella und Spirulina nicht enthalten ist. Germanium wirkt stark auf die Zirbeldrüse und die Hypophyse und die damit verbundenen höheren Chakren. Um auf die gleiche Konzentration an Inhaltsstoffen zu kommen, müsste man das 3 bis 4-Fache an Spirulina und Chlorella zu sich nehmen.

Hinweis: Zur Reinigung der Zirbeldrüse ist an erster Stelle die Afa-Alge zu empfehlen.

Kokosnussöl und Zedernnussöl

Kokosnussöl hilft bei der Entgiftung des Körpers und der Befreiung der Zirbeldrüse von Fluoriden und sonstigen Ablagerungen.

Gleiches gilt für Zedernnussöl, das aus den Nüssen der Sibirischen Zirbelkiefer gewonnen wird. Achte beim Kauf von Zedernnussöl darauf, Anastasia, das Originalprodukt „Die klingenden Zedern Russlands“ aus der sibirischen Taiga zu verwenden, da andere Zedernprodukte nicht die gleiche Qualität und Wirkung haben.

Anwendung:

1 TL des jeweiligen Öls einer Mahlzeit hinzufügen

6.2 METHODEN ZUR AKTIVIERUNG

Für die meisten Menschen erfüllt die Zirbeldrüse ihre biologische Funktion zur Steuerung des Schlaf-Wachzyklus. Darüber hinaus ist sie zu weit mehr fähig, wie wir inzwischen wissen. Hierzu ist es wichtig, dass sie ihre volle Funktionalität erfüllen kann, um dich ein höheres geistiges Bewusstsein, eine höher entwickelte Intuition und erweiterte mentale und intellektuelle Visionen erleben zu lassen.

6.2.1 MEDITATION

Die wirkungsvollste und beste Methode zur Aktivierung der Zirbeldrüse lautet Meditation, Meditation und nochmal Meditation. Dies ist auch naheliegend. Schließlich geht es um ein geistiges Ziel, nämlich um die Erweiterung des Bewusstseins. Hierzu bedarf es der Ruhe und des “In-sich-

Hineinhörens” bzw. ist es entscheidend, seine innere Stimme, seine Emotionen und Intuitionen wahrzunehmen. Wer täglich nur seine To-do-Listen abarbeitet, im Alltagsstress lebt und glaubt, mit entsprechenden Hilfsmitteln mal zwischendurch zu höheren geistigen und spirituellen Fähigkeiten zu gelangen und plötzlich magische Kräfte zu erlangen, wird eher enttäuscht sein. Es gibt nicht wirklich eine Abkürzung, nur die ein oder andere Unterstützung, zum Beispiel durch Klänge, ätherische Öle oder Kristalle.

Meditation bedeutet aber auch nicht, in verkrampften und unbequemen Yogahaltungen sitzen zu müssen. Es gibt so viele unterschiedliche Arten und Wege, um zu meditieren, dass jeder dabei seinen persönlichen Weg finden kann.

Im Folgenden zeige ich dir eine Meditation, die gut für die Aktivierung des Dritten Auges geeignet ist. Passe sie bitte an deine persönlichen Präferenzen an.

Meditationsanleitung:

- Wähle einen ruhigen Ort, an dem du ungestört bist. Minimiere die elektromagnetische Felder in deiner Umgebung, sei es durch WLAN-Router, Smartphone und Mehrfachsteckdosen. Wenn es möglich ist, meditiere am besten draußen, z.B. auf einer Wiese oder einem anderen natürlichen Boden.

- Trage bequeme Kleidung und setze dich aufrecht auf eine Yogamatte oder einen Stuhl. Spanne die

Bauchmuskeln an, um den oberen Körperbereich zu unterstützen.

- Bewege den Kopf einige Male langsam von einer Seite zur anderen, um den Nacken zu entspannen.
- Schließe die Augen und atme dreimal tief ein und aus.
- Stelle dir beim nächsten Atemzug vor, wie goldenes Licht in deinen Körper fließt und sich wie ein goldenes Meer ausdehnt. Sage innerlich das Wort „Licht".
- Beim Ausatmen stelle dir vor, wie dunkle Energien oder Emotionen deinen Körper verlassen.
- Wiederhole das Ein- und Ausatmen auf diese Weise mindestens zwölf Mal.
- Dann lenke die Aufmerksamkeit zu deiner Stirn und stelle dir davor ein rundes goldenes Licht vor mit einem Durchmesser von etwa 15 cm. Das Licht rotiert und schwebt wie ein Luftzug.
- Stelle dir vor, wie sich das Licht langsam öffnet und direkt in dein drittes Auge fließt und es aktiviert.
- Atme ruhig und entspannt weiter und lasse das Licht in deine Stirn wandern. Halte den Fokus auf dein drittes Auge für 10 bis 15 Minuten. Wenn störende

Gedanken auftreten, stelle dir einen transparenten Scheibenwischer vor, der die Gedanken zur Seite schicbt.

- Nimm deine linke Hand und berühre sanft deine Stirn. Spüre, wie das Licht auch durch deine Handfläche hindurch in dein Stirnchakra dringt.
- Wenn du das Gefühl hast, dein drittes Auge zu spüren und es genügend aktiviert zu haben, nimm die Hand wieder weg.
- Atme drei Mal tief ein und aus und versuche dir das goldene Licht in Gedanken vorzustellen.
- Dann öffne langsam wieder deine Augen und bleibe noch 3 bis 4 Minuten mit entspannten Augen sitzen. Konzentriere dich auf das, was du erlebt hast. Genieße die Ruhe und Stille in deinem Körper, spüre in dich hinein, in deinen Kopf und deine Seele.

Diese Meditation macht nicht nur den Kopf frei, sondern lässt auch deine innere Sonne wieder strahlen. Je öfter du meditierst, umso mehr merkst du, wie dein drittes Auge aktiver wird. Es ist normal, wenn du Wärme im Bereich der Zirbeldrüse spürst, wenn du meditierst. Sollte die Wärme zu intensiv werden, dann ist das ein Zeichen, dass du auf dem Weg bist zu einer tieferen Spiritualität. Wenn dies dich zu sehr irritiert, dann unterbrich die Meditation und setze sie erst am nächsten Tag fort. Sei geduldig und gib dir selbst die Zeit, die du brauchst, um den spirituellen Weg zu beschreiten.

Mitunter öffnet sich das dritte Auge auch schlagartig, ohne dass es gewollt oder geplant ist und man findet sich in einem sehr viel höheren Level der Intuition wieder. Dies kommt besonders nach einer Nahtoderfahrung vor oder beim Verlust eines geliebten Menschen, nach der Geburt eines Kindes oder nach einer Sitzung mit einer energetischen Heilung, wie bei Reiki oder einer Hypnose.

6.2.2 FREUDE

Bei der Reinigung von Chakren werden ihre Blockaden und Störungen beseitigt, sodass die Lebensenergie wieder ungehindert fließen kann und wieder mehr Energie zur Verfügung steht. Durch den Zuwachs an Energie steigt auch die eigene Schwingung. Dies wiederum führt zu einem erweiterten Bewusstsein. Je höher unser Körper schwingt, um so glücklicher sind wir. Der höchste Schwingungszustand, den wir als Menschen erreichen können, ist die bedingungslose Liebe. Vielleicht kennst du diesen Zustand oder Moment, wenn du schon einmal völlig über beide Ohren verliebt warst.

Bevor wir auf eine Schwingungserhöhung von außen warten, gibt es noch viele Vorstufen. Eine davon ist die Freude. Anstatt also darauf zu warten, bis man in einem Zustand der bedingungslosen Liebe ist, können wir uns in einen Zustand der Freude begeben. Freude bedeutet in diesem

Sinne nicht das kleine materielle Glück, das wir uns durch Konsum angedeihen lassen, sondern eher eine Freude immaterieller Art. Die Freude über einen wunderschönen Sonnenuntergang, über die Faszination der Natur, über einen neuen Erkenntnisgewinn, über die Gesundheit und das Lachen deiner Kinder. Kinder sind hier übrigens gute Vorbilder.

Eine aktive Zirbeldrüse ist direkt mit der Herzensenergie verbunden. Versuche daher, ob in der Meditation oder auch im Alltag, verstärkt Gefühle der Freude wahrzunehmen und zu empfinden. Auch wenn vieles auf dieser Welt nicht so läuft, wie du es dir wünschst, dann tust du weder dir noch dieser Welt einen Gefallen, wenn du voller Ärger und Wut durchs Leben gehst. Denn damit änderst du nichts und bringst dich auf ein niedriges Schwingungslevel. Besser ist es, dir die Wirklichkeit zu erschaffen, die du dir wünschst. Mit deinen Schwingungen kannst du die Realität erzeugen, die du willst.

Es heißt oft, dass unsere Gedanken die Realität erschaffen. Aber es sind eher unsere Gefühle. Nur das, was du fühlen kannst, ist Energie und bestimmt und definiert deine Welt, deine Stimmung und deine Haltung. Daher sind unsere Gefühle ein machtvolles Werkzeug. Sie steuern dich zu deiner Heilung.

Komme daher zurück zu deinen Gefühlen. Sie sind der stärkste Antrieb und der mächtigste Ausdruck von Leben.

Eine kleine Übung soll dir dabei helfen, wieder in den Zustand der Freude zu kommen:

- Setze dich entspannt auf eine Yogamatte oder einen Stuhl und schließe die Augen.
- Erinnere dich an einen Moment in deiner Vergangenheit, in dem du vollkommen glücklich und voller Freude oder Liebe warst. Warte, bis du einen solchen Moment gefunden hast, selbst wenn er weit zurückliegen mag.
- Mit jedem Atemzug atme diese Freude in dich hinein.
- Werde dir bewusst, dass Vergangenheit nicht existiert. Es existiert nur die Gegenwart, das Jetzt.
- Stelle dir vor, wie du eine kleine helle Wolke, die über dir schwebt, mit dieser Freude füllst. Mit jedem Atemzug wird sie größer und größer. Gleichzeitig vergrößert sich der Zustand deiner Freude und Liebe.
- Visualisiere, wie du die Wolke auf eine Reise schickst hin zur Erde, die du von weit weg betrachtest. Du schickst sie zu allen Tieren und zu den Menschen und damit auch zu dir.

Wiederhole diese Übung immer wieder, um dich in eine höhere geistige Schwingung zu bringen und damit in einen

Zustand der Freude und der Liebe. Auch wenn es sich nicht immer vermeiden lässt, solltest du die Beschäftigung mit Dingen, die dich leiden lassen, reduzieren, sodass du eine gute Balance findest zwischen Dingen, die sich erfreulich für dich anfühlen, und Dingen, die dich ängstigen oder verärgern.

6.2.3 Klänge

"Wenn Du die Geheimnisse des Universums entdecken willst, denke in Begriffen wie Energie, Frequenz und Schwingung."

Nikola Tesla

Frequenzen von Musik und Klängen haben eine machtvolle Wirkung auf unser Bewusstsein. So erinnern auch Mantras an die Wirkung von Tönen auf Geist und Körper. Wir alle können bewusst ihre Wirkung in unser Leben einfließen lassen und davon profitieren. Sie sind die Verbindungsglieder zwischen wissenschaftlich beweisbaren und intentional erfahrbaren Eigenschaften des menschlichen Bewusstseins.

Jedes Teil des Körpers, jedes Organ, alle Zellen, alle Systeme in unserem Körper schwingen mit bestimmten

Frequenzen. Die Zirbeldrüse selbst hat eine Frequenz von 8 Hz.

Auch Klänge sind Schwingungen. Durch Klänge können wir auf unseren Körper auf heilende Weise Einfluss nehmen.

Ich stelle dir hier 3 verschiedene heilende Klänge bzw. Klangmuster vor, die alle geeignet sind, um die Zirbeldrüse zu aktivieren. Den größten Nutzen erzielst du in Verbindung mit einer Meditation.

6.2.3.1 BINAURALE BEATS

Binaurale Beats sind eine akustische Methode, um über das neuronale System Einfluss auf die Gehirnwellen zu nehmen. Es sind Töne, die dann im Gehirn entstehen, wenn zwei Frequenzen, die leicht unterschiedlich sind, gleichzeitig abgespielt werden. Es entsteht dabei eine Differenz der Töne, die auch Schwebung genannt wird. Dies tritt aber nur dann auf, wenn der Frequenzunterschied unterhalb von 30 Hz liegt. Bei größeren Unterschieden würde das Ohr den schiefen Ton bemerken.

Binaurale Beats sind wissenschaftlich bereits seit über 100 Jahren erforscht und kein Placebo-Effekt. Bislang sind bis auf Kopfschmerzen oder kurzzeitigem Schwindelgefühl keinerlei Nebenwirkungen festgestellt worden. Sie werden zur neurologischen Programmierung verwendet. Hierbei werden die Hemisphären synchronisiert und in eine gleichmäßige Struktur gebracht.

Binaurale Beats werden für unterschiedliche Zwecke verwendet, sei es zur Steigerung des Selbstwertgefühls, der Konzentration, Kreativität, Konzentrationsfähigkeit und Lernfähigkeit, zur Verbesserung der Sehkraft, zur Verbesserung des Schlafes, für besseren Haarwuchs, gegen Allergien und Depressionen, Anti-Aging und vieles mehr. Sie sind auch geeignet, um Einfluss auf die Zirbeldrüse zu nehmen. Wie schon beschrieben schwingt diese mit einer

Frequenz von 8 Hz, die sich durch binaurale Klänge antriggern lässt.

CDs bzw. mp3 mit binauralen Beats findest du unter www.binauralebeats.de oder auf der Website www.gehirnkicker.de Auf Gehirnkicker stellt der Bewusstseinsforscher Jonathan Dilas verschiedene Musiken vor, unter denen binaurale Beats gemischt sind, um so den jeweils erwünschten Zustand herbeizuführen.

6.2.3.2 SOLFEGGIO-KLÄNGE

Auf der ganzen Welt haben sich unterschiedliche Tonleitern entwickelt. Normalerweise umfasst eine Tonleiter eine Oktave und wiederholt sich mit doppelter Frequenz. Es gibt Tonleitern, die 5 oder auch 12 Töne beinhalten. In den gregorianischen Kirchen im Mittelalter verwendete man dagegen eine Tonleiter, die 6 Töne enthielt, die sogenannte Sechstonleiter. Diese Töne basieren auf den sog. Solfeggio-Frequenzen, die eine besonders heilsame Wirkung für den Menschen haben sollen.

Solfeggio stammt aus dem Italienischen und leitet sich von den Notensilben "Sol" und "Fa" ab. Es war ursprünglich eine Gesangsübung, die der Mönch Guido von Arezzo im 11. Jahrhundert praktizierte und zur Gesangsausbildung der Klosterknaben einsetzte, um deren Ausbildung zu beschleunigen. Aus bis heute unbekannten Gründen wurde in dieser Zeit von der Kirche beschlossen, Musik mit diesen Frequenzen nicht mehr im Gottesdienst einzusetzen und durch andere Musikstücke zu ersetzen.

Das Wissen um diese besondere Tonleiter und diese besonderen Frequenzen wurde lange Zeit nicht weitergegeben. Zudem wurde den Menschen über Jahrhunderte der Zugang zu diesen besonderen Frequenzen von der Kirche verweigert. Über die Gründe kann man nur spekulieren. Möglicherweise war es von der Kirche nicht gewollt, dass die Menschen ihr

Seelenheil finden und wunschlos glücklich sind. So wurde erst 1999 das Wissen über die Solfeggio-Klänge durch den US-amerikanischen Forscher Leonard G. Horowitz wieder einer breiteren Öffentlichkeit zugänglich gemacht.

Eine besondere Bedeutung hat die Frequenz 528 Hz. Sie wird auch als “Mi” bezeichnet, nach dem italienischen Begriff Mira (miracle; Wunder).

Im Folgenden die Tonfrequenzen der Sechstonleiter, die eine bestimmte Wirkung auf das menschliche Bewusstsein auslösen:

- Die Frequenz 396 Hz (“UT” queant laxis = Um zu lösen): Diese Frequenz soll Schuld und Angst auflösen.
- Die Frequenz 417 Hz (“Re”sonare fibris = Echo-Fasern) erleichtert Änderungen und wirkt bewusstseinserweiternd.
- Die Frequenz 528 Hz (“MI”ra gestorum = wunderbare Taten) wird heute von Wissenschaftlern zur Heilung defekter DNA-Stränge eingesetzt.
- Die Frequenz 639 Hz (“FA”muli tuorum = Ihre Dienerschaft) fördert Verbindungen und die Beziehungsfähigkeit.
- Die Frequenz 741 Hz (“SOL”ve polluti = das Weltliche verlieren) weckt die Intuition.

- Die Frequenz 852 Hz ("LA"bii reatum = bunte/fleckige Lippen) fördert die spirituelle Entwicklung.

Weitere wichtige Solfeggio-Frequenzen sind:

- Die Frequenz 174 Hz: zur Erdung und Schmerzlinderung.
- Die Frequenz 285 Hz: zur Visualisierung und Manifestation von Gedanken.
- Die Frequenz 939 Hz: Diese Frequenz stimuliert die Zirbeldrüse über das sog. Corti-Organ. Dies ist die Schnittstelle zwischen akustischen Schwingungen und den Nervensignalen im Innenohr.

Zusammenfassung:

- Solfeggio-Frequenzen haben eine heilende Wirkung auf den Menschen.
- Die Frequenz 939 Hz stimuliert die Zirbeldrüse. Die Wirkung einer Meditation zur Öffnung des dritten Auges lässt sich durch diesen Klang verstärken. [15]

15 Ein Klangbeispiel für die Verbindung der 939 Hz-Frequenz mit binauralen Beats findet man auf YouTube unter https://youtu.be/3h2mJnvRbZ8 "*936Hz Pineal Gland Activation Solfeggio Meditation w/ Binaural Beat frequencies*"

6.2.3.3 KLANGKOMPOSITION AUMEGA

Einen ähnlichen Zugang über Klänge bietet das Klangprojekt AUMEGA[16] des Biophysikers Dieter Broers, das auf wissenschaftlich fundierten Erkenntnissen basiert, die in Form von Wort, Klang und Pulsation zur Nutzung der höheren Potentiale des Menschen zur Verfügung gestellt werden.

"... Sie interagieren unter anderem Primzahlreihen in Form von polyrhythmischen Pulsationen, temperierte sowie rein gestimmte Clusterakkorde mit Naturgeräuschen und ergeben ein exogenes Klanggebilde, welches den körpereigenen Rhythmen eine Rückführung zu einem ganzheitlichen Gewahrsein anbietet. Während dieser Interaktion können Resonanzphänomene auftreten, welche als Lösungsprozesse aufgestauter Konditionierungsmuster interpretierbar sind."

Die wissenschaftlichen Grundlagen der Klangarchitektur sind von Dieter Broers ausgearbeitet worden. Die Kompositionen stammen von dem österreichischen Klangdesigner Thomas Chochola.

6.2.4 VIBRATIONSÜBUNGEN

16 http://dieter-broers-shop.de/detail/index/sArticle/7

Anstatt äußere Klänge zu nutzen, kannst Du auch selbst Vibrationen erzeugen. Ich stelle dir hier 3 Übungen vor, mit denen Du direkt und relativ schnell deine Zirbeldrüse stimulieren kannst.

Übung 1

Halte deine Ohren mit den Händen bedeckt, stimme den Ton „**Nnnnnnn**“ an und halte ihn für einige Minuten, aber natürlich mit Unterbrechungen zum Luftholen. Anschließend erzeugst du für einige Minuten den Sound „Mmmmmm“ und dann „Ngngng“ für die gleiche Zeitspanne.

Dies ist eine sehr einfache Methode zur Aktivierung. Die Vibrationen, die du dabei erzeugst, stimulieren und aktivieren die Zirbeldrüse.

Übung 2

Auch die folgende Übung lässt sich in kurzer Zeit beherrschen.

- Öffne leicht deinen Kiefer und lege deine Zunge zwischen Ober- und Unterkiefer, sodass die Zähne leicht auf der Zunge aufliegen, so ähnlich wie bei der Aussprache des englischen „th“.
- Atme ein und fülle deine Lungen mit Luft.

- Beim Ausatmen mache einen Ton in mittlerer natürlicher Tonlage. Presse die Luft durch den leicht geöffneten Mund, während die Zunge weiterhin entspannt zwischen Ober- und Unterkiefer liegt. Dabei bewegt sich die Luft sehr schnell zwischen Zähnen und Zunge. Zunge, Kiefer und die Wangen fangen an zu vibrieren.

- Nun versuche gleichzeitig hinten die Kehle zu öffnen, so dass Du kein „The“ erzeugst, sondern ein „**Thooooo**“. Es braucht vielleicht ein wenig Übung, bis Du es hinbekommst, vorn die Zunge zwischen den Zähnen vibrieren zu lassen und gleichzeitig hinten in der Kehle ein offenes O zu erzeugen. Diese Vibration wirkt sich direkt auf die Zirbeldrüse aus und stimuliert und aktiviert sie.

- Wiederhole die Übung fünfmal hintereinander. Dann wiederhole diese Vibrationsübung an 3 aufeinander folgenden Tagen. Zwischen den Übungseinheiten sollten jedes Mal 24 Stunden liegen.

- Mache anschließend eine 10 bis 14-tägige Pause, bevor Du mit Übung 3 beginnst, damit sich die Aktivierung und Stimulation des Dritten Auges langsam anpassen kann.

Hinweis: Solltest du während des Übungsprozesses einen Druck oder Schmerz in der Mitte deines Kopfes spüren, ist dies kein Grund zur Sorge. Es bedeutet, dass dein drittes Auge erwacht. Möglich ist auch ein kribbelndes oder klopfendes Gefühl in der Stirn, wenn du aufwachst. Dieses Gefühl kann sich mitunter noch intensivieren, als ob ein Geräusch aus dem Inneren deines Kopfes zu kommen scheint. Auch dies ist ein positives Zeichen dafür, dass dein drittes Auge erwacht.

Übung 3

- Atme tief durch die Nase ein und halte den Atem an, während du bis fünf zählst und atme langsam wieder aus. Wiederhole dies 3 Mal, sodass du dich gut entspannt fühlst.
- Richte deine Konzentration auf dein drittes Auge in der Mitte des Gehirns.
- Nimm wieder einen sehr tiefen Atemzug und halte ihn möglichst lang an.
- Atme jetzt langsam aus, während du das vibrierende Wort „Mai" aussprechen, wie ein langgezogenes **M-a-a-a-a-a-a-a-i**. Verwende dabei wieder eine mittlere natürliche Tonlage, während du das Wort aussprichst.

- Wandere mit deiner Konzentration während des Ausatmens von deinem dritten Auge in der Mitte des Kopfes zu deinem Scheitel-Chakra über dem Scheitelpunkt, während du den Prozess des Ausatmens beendest. Das Ausatmen sollte in einem einzigen Fluss erfolgen.
- Wiederhole diese Übung 5 Mal.

Hinweis: Der Effekt dieser Übung ist sehr angenehm. Bei richtiger Ausführung lässt sich ein Energiefluss im Körper spüren, mitunter verbunden mit einem Gefühl der Leichtigkeit. Manche Menschen spüren auch ein Kribbeln im Kopf oder einen leichten Druck im Bereich des Scheitel-Chakras. Auch euphorische Gefühle sind üblich, ein glückseliger Zustand, der über Stunden oder gar Tage anhält.

6.2.5 Sungazing

Die Sonne versorgt alle Zellen unseres Körpers mit Energie. So entdecken überall auf der Welt Menschen das sogenannte Sungazing und verbinden sich mit der Sonne, der direkten Quelle, die alles Leben antreibt.

Sungazing ist ein uraltes Heilverfahren, das zurückgeht auf das antike Indien vor über 2000 Jahren. Es verhilft zu besserem Schlaf, zu mehr Energie, zur Schmerzlinderung, zur Verbesserung der Wahrnehmung, zur Stärkung des Hormonhaushalts, zur Bewusstseinserweiterung und hilft bei der Entkalkung und Aktivierung der Zirbeldrüse.

Sungazing hat auch den Effekt, den Körper mit Vitamin D und Vitamin A anzureichern. Vitamin A ist wichtig für die Gesundheit der Augen. Wenn du Sungazing eine Zeitlang betreibst, wird du auch wieder besser sehen und sogar auf eine Sehbrille verzichten können.

Beim Sungazing wird einmal täglich direkt in die auf- oder untergehende Sonne geblickt. Die für die Gesundheit des Auges sicheren Zeiten sind in dem Zeitfenster von einer Stunde nach Sonnenaufgang oder eine Stunde vor Sonnenuntergang. Es ist wissenschaftlich erwiesen, dass zu diesen Zeiten der Gehalt an UV-Strahlung am geringsten ist und unsere Augen keinen Schaden erleiden.

Entnimm die genauen Zeiten des Sonnenaufgangs und -untergangs deiner Lokalzeitung und dem Internet. Beide Tageszeiten sind gleichermaßen gut geeignet.

Die Technik selbst ist recht einfach und kann von jedem durchgeführt werden. Allerdings ist es für Menschen, die in Großstädten wohnen, nicht ganz so leicht, gute Standorte für die Sungazing-Praxis zu finden. Auch in unseren Breitengraden, in denen wir oft die Sonne nicht zu Gesicht bekommen und sie sich hinter Wolken versteckt, ist es etwas schwieriger.

Zur Reinigung der Zirbeldrüse sollte Sungazing neun Monate lang folgendermaßen praktiziert werden:

- Wähle nach deinen Bedürfnissen den Sonnenaufgang oder Sonnenuntergang.
- Suche einen Ort, nach Möglichkeit einen Platz, auf dem du auch barfuß stehen kannst. Ideal wäre am Meer, an einem See, auf einem Berg oder auf einer Wiese.
- Stelle dich dort während der ersten Stunde des Sonnenaufgangs oder während der letzten Stunde des Sonnenuntergangs aufrecht hin. Wenn es möglich ist, stehe barfuß, um eine bessere Erdung zu bekommen.
- Blinzele am ersten Tag nur fünf bis zehn Sekunden direkt in die Sonne.

- Schließe die Augen und reibe die Handflächen aneinander, bis sie gewärmt sind.
- Lege die Handflächen über die geschlossenen Augen und blicke ganz entspannt auf das Nachbild bis es verschwunden ist.
- Genieße die Wärme deiner Handflächen auf Augen und Augenmuskulatur und warte noch einen Augenblick, ob das Nachbild noch einmal auftaucht.
- Sobald es komplett verschwunden ist, nimm die Hände von den Augen, öffne sie und schaue dich ruhig um. Gehe nicht sofort wieder weg, sondern nimm die Welt mit einem neuen Blick wahr.
- Wiederhole dies neun Monate lang täglich und steigere die Dauer an jedem Sonnentag um fünf bis zehn Sekunden, bis du maximal 45 Minuten erreicht hast. Wenn die Sonne wolkenverhangen ist, dann addiere keine Zeit.
- Um die Ergebnisse aufrechtzuerhalten, laufe anschließend täglich 45 Minuten barfuß, ohne dabei direkt in die Sonne zu blicken.

Wenn du nach 60 Tagen 10 Minuten Sungazing erreicht hast, verbessert sich deine Sehkraft. Wenn du nach 90 Tagen bei 15 Minuten angelangt bist, bist du in bester psychischer Verfassung und spürst einen Seelenfrieden in dir. Nach 6

Monaten bei 30 Minuten Sungazing bist du frei von körperlichen Beschwerden. Nach 9 Monaten bzw. 45 Minuten Sungazing hat sich dein Körper in einen Solarspeicher verwandelt. Dein Gehirn ist energetisiert.

Hinweis:

- Auch wenn du nicht täglich sungazen kannst, dann mache es einfach, wann immer es dir möglich ist. Wende Sungazing morgens oder abends an, regelmäßig oder unregelmäßig.
- Steigere nur langsam die Dauer, um nicht deine Augen zu schädigen - sie müssen sich langsam an das direkte Sonnenlicht gewöhnen.
- Wenn du nicht zum Sonnenauf- oder -untergang sungazen kannst, ist Sonnenbaden eine effektive Methode, um sich mit Sonnenenergie auf einem leichteren Niveau aufzutanken. Die beste Zeit zum Sonnenbaden ist die Zeit, wenn der UV-Index kleiner als 2 ist. Dies ist üblicherweise bis 2 Stunden nach Sonnenaufgang oder vor Sonnenuntergang der Fall. Zu den anderen Zeiten vermeide Sonnenbaden, außer in den Wintermonaten, wenn der UV-Index längere Zeit unter 2 bleibt. Benutze keine Sonnencreme, damit dein Körper auf natürliche Weise den Schweiß, der beim Sonnenbad entsteht, aus der Haut transpirieren kann.

- In Ländern mit viel Sonne dauert der gesamte Prozess neun bis zehn Monate, in kälteren Regionen dauert es etwas länger. Sei also geduldig!

6.2.6 Yoga

Yoga bringt Ruhe in den Körper und in die Gedanken. Durch Yoga wird Energie in den Geist geleitet und dadurch das Bewusstsein erhöht. Die regelmäßige Yoga-Praxis führt nachgewiesenermaßen zu einer vermehrten Melatonin-Produktion, die wiederum für ein verbessertes Wohlbefinden sorgt.

Swami Sannyasanada von der Adelaide University Medical School konnte nachweisen, dass die Atemübung Nadi Shodana (Wechselatem) und Tratak (Konzentration auf ein Objekt), beides Techniken aus dem tantrischen Yoga, sogar ganz dramatische Auswirkungen auf die Melatoninproduktion haben. Sie sind auch gut zur Konzentrationssteigerung.

Beide Übungen lassen sich kombinieren, erst die Wechselatemübung und anschließend Tratak. Nimm dir dafür 20 Minuten Zeit.

Für Tratak zeige ich dir zuerst eine vorbereitende Übung mit einer Kerze, um deine Konzentration zu schulen. Wenn du diese Übung einige Male praktiziert hast, kannst du deinen Fokus anstelle einer Kerze auf dein drittes Auge richten.

Neben der mentalen und spirituellen Praxis hat Yoga natürlich auch physische Elemente, die man aus den verschiedenen Yoga-Posen, den sog. Asanas, kennt. Ich zeige dir eine Yoga-Pose, *Adho Mukha Svanasana*, die bestens zur Öffnung des dritten Auges geeignet ist.

6.2.6.1 Nadi Shodana (Wechselatem)

- Setze dich aufrecht auf eine Yogamatte oder einen Stuhl.
- Schließe die Augen und lasse den Körper zur Ruhe kommen.
- Lege deinen rechten Daumen auf das rechte Nasenloch und verschließe es. Lege Zeige- und Mittelfinger zwischen die Augenbrauen.
- Atme langsam tief durch das linke Nasenloch ein. Die Atmung sollte dabei lautlos und harmonisch sein.
- Verschließe nun das linke Nasenloch mit dem Ringfinger, öffne das rechte Nasenloch und atme langsam aus.

- Atme nun durch das rechte Nasenloch ein. Verschließe es dann mit dem Daumen und atme durch das linke Nasenloch aus.
- Diesen Vorgang solltest du fünf Runden ohne Pause wiederholen.
- Wenn du es gut beherrschst, versuche eine Variante, bei der du nach jeder Einatmung den Atem für eine Weile anhältst.
- In der nächsten Stufe wird das Einatmen, Halten des Atems und das Ausatmen in das Verhältnis 1:4:2 eingeteilt; z.B. 5 Sekunden Einatmen, 20 Sekunden Halten, 10 Sekunden Ausatmen.
- Wiederhole diesen Zyklus ebenfalls fünf Mal.

6.2.6.2 Tratak mit einer Kerze

Es empfiehlt sich, vor dem Zubettgehen Tratak zu praktizieren. Es hilft dabei, sich zu entspannen und tief zu schlafen sowie das Immunsystem zu stärken.

- Setze dich aufrecht auf einen Stuhl oder auf den Boden und platziere eine Kerze in Augenhöhe im Abstand von 30-40 cm vor den Augen.
- Schließe die Augen und erlebe deinen eigenen Körper, indem du in dich hineinschaust.
- Lenke die Aufmerksamkeit auf deinen Atem.
- Wenn du einen guten Kontakt zu deinem Atem hast, öffne die Augen und schaue entspannt 5 bis 10 Minuten in die Flamme. Schaue dabei auf den

obersten, glühenden Punkt am Docht und versuche, dabei nicht zu blinzeln.

- Lösche anschließend die Flamme, schließe die Augen und betrachte den Lichtabdruck bis er nachlässt und verschwindet.

Anfangs wirst du nur die Flamme wahrnehmen. Dann wirst du vielleicht beginnen, über das Lodern der Liebe nachzudenken; dass die Liebe etwas Ewiges ist und mehr als nur eine Regung oder ein Gefühl; etwas, das das Universum verbindet; dass sich Liebe und Dasein auch in dir verbindet. Lasse deine Gedanken schweifen und versuche eins mit dem Universum zu werden, das nicht mehr von deinem Ich bestimmt wird. Entwickle ein festes Urvertrauen dafür, dass dir mit den richtigen Gedanken einfach alles gelingen wird.

6.2.6.3 Tratak für das dritte Auge

Wenn du einige Male Tratak mit einer Kerze praktiziert hast, richte bei deiner nächsten Tratak-Meditation deinen Fokus anstatt auf eine Kerze auf dein drittes Auge:

- Halte die Augen geschlossen und zähle langsam von 100 rückwärts, Zahl für Zahl, während deine Aufmerksamkeit auf dein drittes Auge gerichtet ist.
- Lasse einfach zwei Sekunden zwischen jeder Zahl und der nächsten verstreichen. Beginne still in deinem Kopf zu zählen: 100 - 99 - 98 - 97 - 96 - 95 ... bis 1.
- Bleibe in einer aufrechten Position sitzen und entspanne den Körper.
- Halte anschließend deine Aufmerksamkeit auf dein drittes Auge für 10 bis 15 Minuten, bevor du wieder den Fokus auf deine Umgebung richtest, während du noch immer deine Augen geschlossen hältst.
- Dann öffne deine Augen, atme dreimal tief ein und aus und kehre langsam wieder zur Normalität zurück.

Es kann sein, dass du eine Spannung oder Wärme im Bereich deines dritten Auges spürst. Dies kommt nicht von irgendeinem Kopfschmerz, sondern ist völlig normal und kein Grund zur Besorgnis. Es zeigt dir, dass sich dein drittes Auge langsam zu öffnen beginnt. Mit der Zeit wird sich das dritte

Auge immer weiter öffnen und bald wirst du beginnen, Gedanken zu sehen und Dinge, wie in Träumen.

Indem es dir gelingt, den Lärm in deinem Geist abzustellen und die Welt um dich herum zu entschleunigen, als würde sie stillstehen, bringst du dich selbst in eine innere seelische Ruhe und bekommst ein friedvolles Gefühl der Liebe. Du weißt so, dass du selbst einen Unterschied in der Welt machst, indem du dem Chaos auf andere Weise begegnest und weit darüber hinaus sehen kannst.

6.2.6.4 Adho Mukha Svanasana

Adho Mukha Svanasana, der nach unten schauende Hund, ist eine Yoga-Pose, die auch auf den Kopfstand vorbereitet und viele Gehirnfunktionen stärkt, wie Gedächtnis, Konzentrationsvermögen, kreatives Denken, geistige Klarheit und das Stirn-Chakra anspricht.

Aber keine Angst. Du brauchst jetzt keinen Kopfstand zu machen. Du kannst die folgende Yoga-Pose eher als Vorbereitung darauf verstehen und dich später, wenn du möchtest, an den Kopfstand heranwagen.

Diese Pose wird oft als „Der Yoga-Hund“ bezeichnet und ist eine der bekanntesten Yoga-Übungen. Neben seinen Wirkungen für das Gehirn energetisiert diese Übung den gesamten Körper, ist gut gegen Rückenschmerzen, wirkt

Verspannungen und Kopfschmerzen entgegen und verbessert die Blutzirkulation.

- Hocke dich zunächst mit Händen und Knien auf eine Yogamatte (Hundestellung). Die Hände sollten direkt unter den Schultern aufgestellt werden, die Ellbogen gestreckt und die Knie sollten unter den Hüften sein.
- Spreize die Finger auseinander und drücke sie in die Matte, so dass das Gewicht gleichmäßig auf Handflächen und Finger verteilt wird.
- Atme langsam aus, während du die Zehen anziehst und die Knie vom Boden nimmst. Die Beine werden dabei gesteckt, die Hüfte geht nach oben und der Hintern bewegt sich nach hinten.
- Wenn du eine kräftige Dehnung in Oberschenkel und Waden spürst, solltest du mit den Füßen nicht nachrücken, sondern sie dort lassen, wo sie sind.
- Zum Aufbau der richtigen Körperspannung drücke dich leicht mit den Händen weg, sodass die Fersen weiter zu Boden kommen.
- Arme und Ellbogen sollten leicht nach außen gedreht sein.
- Oberarme und Ohren sollten auf einer Ebene sein.

- Entspanne deinen Kopf, aber lasse ihn nicht nach unten hängen, sondern halte ihn in einer Linie mit dem Rücken.
- Versuche diese Pose für etwa 3 Minuten zu halten.
- Zum Verlassen der Pose atme ruhig aus, beuge die Knie und komme mit den Füßen zu den Händen und richte dich langsam, Wirbel für Wirbel, auf.

Hinweis: Keine Angst, es ist normal bei Anfängern, dass die Achillessehne etwas steif ist und die Arme schwach. Mit etwas Übung hast du den Dreh bald raus. Vorteilhaft ist, wenn du einen Spiegel in der Nähe hast, um deine Stellung kontrollieren zu können.

6.2.7 HEILKRISTALLE

Jeder Heilstein hat seine eigene Aura-Farbe, seine eigenen Vibrationen und Energiefrequenzen, die sich durch Auflegen oder durch das Tragen des Steins auf den Menschen übertragen. Indem man einen Heilstein auf ein Chakra auflegt, wird die Schwingung des Chakras angeregt und reaktiviert und gerät so in Resonanz mit dem Stein.

Chakren haben ihre eigenen Schwingungsfrequenzen. Die Farbe bzw. Wellenlänge des Stirn-Chakras entspricht dem eines dunklen Violett (394 nm). Um das dritte Auge in seiner Aktivität zu unterstützen, sollte man daher einen Heilstein mit einem Farbspektrum von Dunkelblau bis Dunkelviolett wählen. Geeignete Kristalle für das Stirn-Chakra sind der

Azurit, Amethyst, Lapislazuli, Sodalith und Saphir. Sie schwingen in einer für das Stirn-Chakra adäquaten Frequenz. Um das Kronen-Chakra, dem Sitz der Spiritualität und der Verschmelzung von Geist und Seele, in eine optimale Schwingung zu versetzen, ist besonders der *Bergkristall* geeignet. Seine Farbe ist weiß, transparent mit leichten violetten Anteilen.

Die Chakren liegen nicht direkt auf der Haut der Körpervorderseite, sondern verlaufen als Energieachse durch den Körper. Einen Kristall kann man daher sowohl auf die Vorder- als auch auf die Rückseite des physischen Körpers auflegen. Man kann einen Kristall auch nur in der Hand halten oder um den Hals tragen. Je näher der Kristall aber am Chakra liegt, umso intensiver ist auch seine Wirkung. Heilsteine sind auch gut während einer Meditation geeignet, um den Prozess der spirituellen Reinigung zu beschleunigen.

6.2.8 Ätherische Öle

Ätherische Öle werden aus Pflanzen gewonnen und stellen die Essenz bzw. Seele eine Pflanze dar. Sie unterstützen die innere Ordnung von Körper, Geist und Seele und fördern deren Zusammenspiel. Ihre Energiefrequenzen gleichen denen ihrer pflanzlichen Quellen und arbeiten innerhalb verschiedener Ebenen des Seins.

Durch ihre natürlichen Energien können ätherische Öle die Kraft des dritten Auges verstärken und das 6. Chakra in die gewünschte Balance bringen. Sie bewirken eine größere Klarheit, Objektivität und Weisheit in die Gedanken zu bringen, Dinge besser zu sehen und wahrzunehmen, die auf einer höheren Ebene deiner Existenz geschehen und das spirituelle Level zu erhöhen.

Ätherische Öle helfen, Ungleichgewichte auf allen Ebenen zu beseitigen, sei es auf körperlicher Ebene bei der Entkalkung der Epiphyse, auf emotionaler Ebene durch Beseitigung von Ängsten, auf mentaler Ebene z.B. bei Konzentrations- oder Abstraktionsschwierigkeiten und besonders auf spiritueller Ebene. Auf spiritueller Ebene bewirken Ungleichgewichte beispielsweise eine Unfähigkeit, die Wahrheit in ihrer Tiefe zu erkennen, das hartnäckige Ignorieren der eigenen inneren Stimme oder das Misstrauen der eigenen Intuition.

Ätherische Öle werden am besten vor einer Meditation pur oder in einer Öl-Mischung auf die Stirn in Höhe des dritten Auges eingerieben. Alternativ bieten sich auch Duftspender an.

Folgende ätherischen Öle sind bestens geeignet, um das dritte Auge zu öffnen.

Palo Santo Öl

Wörtlich übersetzt bedeutet Palo Santo „Heiliges Holz". Dieses Öl wird von einem Wildbaum gewonnen, der hauptsächlich in Südamerika zu finden ist. Dieser Baum wird traditionell als mystisch angesehen und seine Verwendung geht auf Jahrtausende alte indianische Traditionen zurück. Ihm werden Heilkräfte und eine Umwandlung von negativen in positive Energien nachgesagt. Seine Macht wird mit der Verbesserung des dritten Auges in Verbindung gebracht. Es wird von Schamanen zur Steigerung der Wahrnehmung verwendet sowie zur Reinigung von Menschen, Tieren und Orten. In seinen Heimatländern gilt Palo Santo als Schutzpflanze, die in Heilzeremonien verwendet wird, um negative Energie zu bannen und den Geist für Visionen zu öffnen.

Palo Santo hat ein reichhaltiges und süßes Aroma mit einem Hauch von Kokos. Es erhöht das spirituelle Bewusstsein und hilft dabei, sich selbst zu reinigen und in eine Form des inneren Gebetes zu kommen. Es unterstützt die Fähigkeit, feinsinnigere Bereiche zu verstehen.

Anwendung:

Die Anwendung von Palo Santo erfolgt als Öl oder durch Verglühen von Palo-Santo-Holzstäbchen:

Palo-Santo-Öl: Vor der Meditation einen Tropfen auf der Stirn einreiben.

Palo-Santo-Holz: Man kann es in Form gespaltener feiner Stäbe kaufen. Der charakteristische Duft des Harzes entwickelt sich beim Verglühen der Stäbe. Hierzu zündet man einen Stab am Ende an und lässt ihn solange anbrennen, bis etwas Glut entsteht. Dann wedelt man es aus und geht mit dem Rauch durch das Zimmer, um es energetisch zu reinigen. Anschließend wird der Stab auf einer feuerfesten Schale abgelegt bis er ausgeglüht ist.

Lorbeeröl

Ein Lorbeerkranz zierte schon die Häupter von Königen und Kaisern, die ihn als Zeichen des Sieges und Ruhmes trugen. Die Vollkommenheit des Herrschers sollte durch den Lorbeerkranz als einen durch sein Denken und Handeln vorbildlichen Menschen übertragen werden und ihn zum Sympathieträger machen.

In Griechenland wurde echter Lorbeer verwendet, um die Fähigkeit, mit Gott zu kommunizieren, zu steigern und um Prophezeiungen und Orakel, was so viel wie „Antwort" bedeutet, zu verstehen. Lorbeer wurde auch „Mantikos", d.h. Hellsehkraut, genannt und ist eine der Räucherzutaten der Orakelmischung der Pythia, der Seherin von Delphi.

Lorbeeröl erhöht das Bewusstsein und die Wahrnehmung bis hin zur Hellsichtigkeit und Hellhörigkeit und kann bei feinsinnigen Menschen auch Wahrträume auslösen.

Es besitzt die Fähigkeit, die linke mit der rechten Gehirnhälfte zu synchronisieren, so dass der denkende mit dem kreativen Geist verbunden wird und die ganzheitliche Sicht der Dinge verstärkt wird. Es fördert die Wahrnehmung und die Träume.

Anwendung:

- Mische 1 - 2 Tropfen Lorbeeröl mit 10 ml Mandelöl, gebe es auf die Fingerkuppe und reibe es auf die Stirn in Höhe des Dritten Auges ein.
- Duftmischung für einen Duftspender: Je einen Tropfen Lorbeeröl, Koriandersamenöl, Neroliöl und Zedernöl mischen und in den Spender geben.

Karottensamenöl

Karottensamenöl wirkt seelisch und spirituell stimulierend. Es stammt von einer Pflanze namens Daucus Carota, einer Pflanzenart aus der Familie der Doldenblütler.

Karottensamenöl schafft eine Harmonie zwischen den körperlichen und spirituellen Bereichen. Es bringt Licht und Kraft in Geist und Seele und ist daher gut für das spirituelle Erwachen und die Erleuchtung geeignet. Gleichzeitig hilft es gegen negative Gefühle wie Stress, Ärger und Wut. Es unterstützt ein ausgeglichenes Seelenleben und hilft dabei, die eigene Mitte zu finden. Der angenehme Karottenduft beflügelt die Sinne, gibt mehr Klarheit in die Gedanken und wirkt gegen Ängste und Verwirrung.

Anwendung:

- Reibe vor der Meditation Karottensamenöl pur auf die Stirn ein.
- Duftspender: Mische Karottensamenöl mit Lavendel- und Grapefruitöl und gib es in einen Duftspender.

Jasminöl

Jasminöl ist ein so ergreifender Duft, dass er auf die Seele einwirkt, Phantasie und Stimmung beflügelt, Verspannungen löst, Ängste abbaut, Lebensfreude und Sinnlichkeit steigert, Selbstvertrauen stärkt, die positive Sichtweise auf die Dinge erhöht, eine Verbindung zur Seele schafft, die Intuition verbessert, alle Sinne stimuliert und die Fähigkeit verleiht, sich mit dem gesamten Universum zu verbinden.

Hinweis: Verwende nur echtes ätherisches Öl und nicht den synthetischen Duft. Ob du echtes Jasminöl hast, merkst du am Preis, denn echtes Jasminöl ist sehr teuer. Synthetisches Öl riecht zwar nach Jasmin, hat aber keine Wirkung.

Anwendung:

Maximal einen Tropfen Jasminöl auf die Stirn in Höhe des dritten Auges einreiben.

Melissenöl

Melissenöl gilt als eines der besten ätherischen Öle bei Aromatherapien. Sein frischer Zitrusduft ist ein hervorragendes Antidepressivum. Melissenöl wirkt harmonisierend und ausgleichend auf das Nervensystem und bringt Körper, Seele und Geist in Harmonie.

Melissenöl hilft beim Öffnen des Herz-Chakras und öffnet das Herz für mehr Fröhlichkeit und Lebensfreude. Es regt die Produktion von Serotonin an und stimuliert die Zirbeldrüse. Dadurch werden Dinge, die nicht alltäglich sind, besser verständlich. Melissenöl erhöht die Intuition, gibt Zugang zu höheren Vibrationen und lässt dich mit höheren Bereichen verbinden, indem du ein erweitertes spirituelles Verständnis erreichst.

Anwendung:

- Trage wenige Tropfen auf Stirn oder Brust auf.
- Im Duftspender: Kombiniere Melissenöl mit holzigen Ölen und Kräuterölen.

Kamillenöl

Kamillenöl wirkt beruhigend auf das Nervensystem, beseitigt Ängste und innere Unsicherheiten und bringt die Energien wieder in einen Fluss.

Es hilft, die Einflüsse und Impulse des eigenen Egos zu erkennen, um zu verstehen, wer man selbst wirklich ist. Es öffnet das dritte Auge und führt zu einer höheren Wertschätzung. Es lässt dich verstehen, dass du weit mehr bist als das, was körperlich und emotional manifestiert ist und nach außen hin scheint.

Dein Verständnis für die Dinge wird auf ein höheres Level gebracht, sodass du beginnst, dein von deinem Ego gesteuertes Verhalten von einer objektiven Perspektive aus zu betrachten, eben so wie ein neutraler Beobachter von außen. Es hilft bei der Erfassung spiritueller Wahrheiten. Dies wiederum trägt zum Öffnen deines dritten Auges bei.

Anwendung:

Die Anwendung von Kamille ist vielseitig. Du kannst Kamillenöl direkt auf deine Stirn auftragen, es in einer Mischung mit holzigen Ölen oder Kräuterölen in einen Duftzerstäuber geben, es zur Massage verwenden oder einem heißen Bad hinzugeben.

Rosenessenz

Die Gattung der Rosengewächse zählt mehrere Hundert Rosenarten, die hauptsächlich in den gemäßigten Klimazonen wachsen. Da echtes Rosenöl zu den teuersten Ölen der Welt zählt, empfiehlt es sich, auf Rosenessenz auszuweichen. Es ist zwar schwächer als Rosenöl, aber wesentlich stärker als Rosenwasser.

Rosenessenz wirkt beruhigend, entspannend und harmonisierend, gibt ein Gefühl des Wohlseins, bringt eine Balance in den Energiefluss, stimuliert den Geist und erhöht die Intuition. Durch seine hohen Schwingungen durchdringt Rosenessenz den physischen und feinstofflichen Körper, die harmonisch und voller Liebe und Mitgefühl Lebens- und Geisteskraft, Klarheit und Kreativität ausrichtet und ins Gleichgewicht bringt.

Rosenessenzen helfen bei spirituellen Wachstumsprozessen und stellen eine besondere Verbindung zu engelhaften Wesen dar, die diesen Duft lieben.

Anwendung:

In einem Duftzerstäuber kannst du Rosenessenzen mit nahezu jedem ätherischen Öl mischen.

Muskatellersalbeiöl

Muskatellersalbei (Salvia sclarea), auch Muskat-Salbei genannt, ist ein aromatisches Kraut mit einem gewürzartigen Duft. Es ist wirksam gegen Stress und Ängste, steigert die Kreativität, wirkt euphorisch und inspirierend, belebt den Geist, regt die Phantasie an und ist ein hoch wirksames Antidepressivum, da es sich positiv auf die Stimmung auswirkt.

Muskatellersalbeiöl findet auch Verwendung gegen Kopfschmerzen und Migräne, bei Autismus, Epilepsie und bei Krämpfen. Durch seine krampflösenden Eigenschaften werden auch Krämpfe im Gehirn gelöst und das Gehirn wird in einen ruhigen und stabilen Zustand gebracht. Dieser Zustand der Ruhe ist nötig für höhere Erkundungen und Intuitionen. Wer häufig unter Migräne und Kopfschmerzen leidet und sein drittes Auge öffnen will, dem sei dieses ätherische Öl besonders ans Herz gelegt.

Zusammenfassung:

Durch ihre natürlichen Energien können ätherische Öle die Kraft des dritten Auges verstärken und das 6. Chakra in die gewünschte Balance bringen. Die Wirkung erfolgt auf allen 4 Ebenen: auf körperlicher, emotionaler, mentaler Ebene und auf spiritueller Ebene.

Ätherische Öle werden am besten vor einer Meditation pur oder in einer Ölmischung auf die Stirn in Höhe des dritten Auges eingerieben. Alternativ bieten sich auch Duftspender an.

Empfehlenswert sind folgende ätherischen Öle:

- Palo-Santo-Öl
- Lorbeeröl
- Jasminöl
- Melissenöl
- Kamillenöl
- Rosenessenz
- Muskatellersalbeiöl

7. Wie vermeidet man Verkalkungen?

Dieses Thema ist nicht einfach, insbesondere wenn man nicht gerade im Wald in einer Holzhütte ohne WLAN-Empfang lebt. Es ist in unserer derzeitigen "zivilisierten" Welt nahezu unmöglich, nicht einer ständigen Belastung ausgesetzt zu sein, sei es durch Elektrosmog, durch die Ernährung, durch unseren Alltag und unser Arbeitsleben.

Aber auch wenn man nicht alle Belastungen verhindern kann, so gibt es einiges, was man tun kann – auch wenn es nicht von heute auf morgen geschieht.

Hier einige Vorschläge:

- Verzichte weitestgehend auf Fluoride, aber auch auf Tabak, Alkohol, Milch, Zucker, Fertigprodukte und Fleisch. Stelle deine Ernährung auf basische Produkte um, um deinen Körper nicht zu übersäuern.
- Meditiere regelmäßig. Eine halbe Stunde vor dem Schlafen zu meditieren ist besonders zu empfehlen. Unterstütze die Meditation durch eine der vorgestellten Methoden wie Klänge, Heilsteine oder ätherische Öle.

- Vermeide Stress und düstere Gedanken.
- Reinige die Zirbeldrüse von Fluoriden durch die gezeigte Zahlenkombination. Unterstütze die Reinigung beispielsweise mit Mikroalgen wie AFA-Algen oder Chlorella-Algen.
- Wenn du die Möglichkeit dazu hast, praktiziere Sungazing.
- Trinke regelmäßig gutes Quellwasser, um Toxine schnell auszuscheiden.
- Bringe dich immer wieder in einen Zustand der Freude.
- Fantasiere bewusst und stelle dir dein persönliches Paradies vor, wie es deiner Meinung nach auf dieser Welt aussehen sollte, so, als wäre dies bereits eingetreten. Aus der Quantenphysik wissen wir: Gedanken bzw. Gefühle erschaffen Realität.
- Gehe kreativen Aktivitäten nach wie Malen, Musizieren, Fotografie und Ähnlichem.
- Minimiere deine tägliche Strahlenbelastung. Halte deinen Schlafplatz frei von WLAN, Handystrahlen und elektronischen Geräten und schalte Router, DECT-Telefone und Mehrfachsteckdosen nachts aus.

Tipp: Der britische Ingenieur und Klangheiler Simon Fox hat bereits vor Jahren ein Gerät entwickelt, um das körpereigene Biofeld bzw. EMF-Abwehrsystem zu stärken und die Immunität gegenüber Wifi-Strahlung zu erhöhen. Dadurch ist man gegen Elektrosmog verschiedener Quellen besser gefeit, unabhängig davon, ob er durch Handymasten, durch DECT-Telefone, durch die Hochfrequenzbelastung im Stromnetz oder durch Bluetooth erzeugt wird. Es wird von seiner Firma Calmspacepro[17] vertrieben. Einen ähnlichen Weg beschreitet das deutsche Unternehmen Vivobase[18], deren Geräte ebenfalls auf der Aktivierung des natürlichen Schutzschildes basieren.

- Gehe spätestens um 22 Uhr zu Bett, damit die Zirbeldrüse Melatonin produzieren kann.
- Bevor Du dich nochmal impfen lässt, lasse dir zuvor den Beipackzettel des Inhaltsstoffs mit den jeweiligen Bestandteilen geben. Quecksilber sollte darin nicht enthalten sein.
- Halte dein Smartphone nicht direkt an deinen Kopf. Selbst das Unternehmen Nokia empfiehlt einen Abstand von mindestens einem Meter. Nutze

[17] http://www.calmspacepro.co.uk/german_version/
[18] https://vivobase-shop.de/

entweder eine Freisprecheinrichtung oder ein "gesundes" Headset, das nicht den Elektrosmog vom Handy direkt ins Ohr leitet.

> Tipp: Ich empfehle dir die sogenannten Airtube-Headsets[19]. Sie sind nicht viel teurer als übliche Bluetooth-Headsets, reduzieren aber die HF-Strahlung um bis zu 99%. Sie funktionieren mit iPhones, Samsung-Galaxy-Geräten und anderen Smartphones. Mehr Infos findest Du auf der Website www.umweltanalytik.com.

[19] www.Umweltanalytik.com

8. Was passiert, wenn man erwacht?

Über das Stirn-Chakra bzw. das dritte Auge haben wir Zugang zu dem sogenannten Akasha-Wissen (‚Akasha', Sanskrit; bedeutet Raum oder Äther), ein Wissen, das alles umfasst, was jemals existiert hat. Es ermöglicht den Zugang zum Universum.

Wenn deine Zirbeldrüse gereinigt und aktiviert ist, erwacht auch dein geistiges Wesen. Das bedeutet auch, in ein Gefühl der Liebe, ein Gefühl von Bewusstsein und in die Leidenschaft des Mitleids und Mit-Leidens zu treten.

Du wirst die Wahrheit verstehen – verstehen, dass alle Menschen in diesem Universum aus einem Einzigen bestehen und dass wir alle ein Teil, ein Wesen aus ein und derselben Familie sind. Da sich das Trennende auflöst, wirst du die spirituelle und visionäre Negativität aus deinem Leben verbannen.

Konkret bedeutet das für den spirituellen Bereich,

- dass sich deine Wahrnehmung schärft und du beginnst, "über den Tellerrand" zu schauen. Wenn du mit Menschen zusammen bist, dann ohne sie zu be- oder verurteilen. Du siehst die Dinge als das, was sie sind, direkt und unverfälscht, ohne sie mit dem Verstand zu deuten. Du lässt einfach die Dinge zu, wie sie sind, ohne zu urteilen und spürst ein Gefühl der Verbundenheit mit allem. In dem Moment, in dem es passiert, weißt du, dass es passiert.

- Du erkennst Interaktionen von außen – so als würdest du sie von weiter entfernt betrachten. Dadurch ergibt sich eine gewisse Weitsicht, die man auch als Hellsehen oder Hellfühlen bezeichnet.
- Du hast das Gefühl, beschützt zu sein, und fühlst, dass du eingebettet bist in ein größeres kosmisches Geschehen.
- Du lebst mehr im Hier und Jetzt anstatt innerhalb eines von dir selbst auferlegten Zeitmusters. Dadurch wird dein Gewahrsein und deine Achtsamkeit geschärft.
- Du merkst, wie wichtig und bedeutend du bist und all deine Gedanken, Gefühle und Taten, da du deine eigene Wirkung auf alles spürst.
- Das offensichtlichste Signal bei der Öffnung des dritten Auges ist, wenn sich deine Voraussicht und Intuition erhöht. Intuition ist die Fähigkeit, dass du weißt, dass etwas passieren könnte, noch bevor es passiert. Du weißt instinktiv, ob etwas richtig oder falsch ist, ohne dass dabei dein logischer Verstand die

Situation beurteilt. Du merkst, dass noch eine andere Instanz hinzukommt, nämlich die Instanz des Gewahrseins, die dich die Situation wie von außerhalb betrachten und beurteilen lässt. Dieses Gefühl wird mit der Zeit stärker und sich zu einem Führungsprozess in deinem täglichen Leben entwickeln. Du beginnst intuitiv Warnzeichen zu spüren und zu wissen, was deine nächste Aktion sein sollte. Und du erkennst Manipulationen und unterschwellige Botschaften.

Auch auf psychischer Ebene wirst du Veränderungen merken, wie spontane Glücks- und Euphoriegefühle, eine höhere Gedächtnisleistung, mehr Lebensfreude, die Abnahme von Depressionen, eine höhere Kreativität und Vorstellungsfähigkeit und ein besseres Konzentrationsvermögen.

Schlussbemerkung

Die Zirbeldrüse ist eines der wichtigsten Organe im menschlichen Körper. Sie ist unser Seelenorgan, das Tor in unsere Freiheit. Neben ihrer wichtigen Aufgabe der Produktion von Melatonin, das nachweislich einen höchst positiven Einfluss auf den Alterungsprozess hat ("Untersterblichkeitshormon"), ist sie durch die Produktion von DMT, unserem körpereigenen Neurotransmitter, für die Fähigkeiten der 4. Dimension verantwortlich. Dazu zählen alle Formen der Bewusstseinserweiterung wie Hellsehen, Hellfühlen, Hellhören, Telepathie, höhere Intuitionen und vieles mehr. Erst diese beiden Stoffe geben die Basis für die Entwicklung eines höheren Bewusstseins.

Das Problem vieler Menschen ist derzeit, dass ihre Zirbeldrüse nicht aktiv arbeitet, da sie verkalkt bzw. blockiert ist. Verursacht wird dies durch lebensverkürzende Nahrung, die den Darm vergiftet, durch Vergiftungen des Gehirns durch Fluoride, Pestizide und Quecksilber, durch manipulative Einwirkungen der Medien und durch Elektrosmog mit Torsionsfeldern, die in genau der entgegengesetzten Richtung zu unseren natürlichen Feldern drehen und uns daher krank machen.

Auch durch den täglichen Stress und (Überlebens-)Ängste werden die meisten Menschen in nieder-schwingenden Bereichen gehalten, d.h. in den unteren Chakren, die mit dem Überleben, der Sexualität, der Nahrung und dem Ego zu tun haben, sodass sie kaum Zeit, Muße und Interesse haben, sich mit ihrer spirituellen Entfaltung zu beschäftigen.

Ohne eine gereinigte und aktivierte Zirbeldrüse lassen sich jedoch mediale Fähigkeiten nicht wecken. Erst wenn die Zirbeldrüse intakt ist und frei von Blockierungen und sich von all diesen Dingen befreit, kann sie wunderbare Dinge vollbringen und das dritte Auge öffnen.

Du musst also selber etwas tun und du solltest aktiv werden. Lege deine Macht nicht länger in die Hände anderer Mächte, wer oder was diese auch sein mögen. Tatsächlich bist du viel stärker und mächtiger als du vielleicht denken magst.

In diesem Buch habe ich dir eine Vielzahl an Möglichkeiten gezeigt, wie du deine Zirbeldrüse reinigen kannst und wie du künftig Verkalkungen vermeiden kannst. Eine der effektivsten Methoden funktioniert über den Geist. Unser Geist steht über der Materie und daher ist auch die Meditation so essentiell wichtig, um wirklich Fortschritte zu machen und deine göttliche Seele zu finden, die du bist.

Ich wünsche dir viel Glück und viel Erfolg auf deinem Weg!

Fotomaterial

https://www.bigstockphoto.com Copyright:

- Peter Hermes Furian, Stockfoto-ID: 128843801, Chakras - german names
- Nikki Zalewski, Stockfoto-ID: 149581028, Crystal ball surrounded by healing crystals
- tomozina, Stockfoto-ID: 181209445, Neon sound line. Vector illustration.
- deosum, Stockfoto-ID: 83641898, Illustration of human aura
- udaix, Stockfoto-ID: 168855311, Median Section of Human Brain Anatomical structure
- fizkes, Stockfoto-ID: 85838699, Vishnu Mudra
- fizkes, Stockfoto-ID: 85430927, Sporty girl on white background stretching in downward-facing dog yoga
- Yellowj, Stockfoto-ID: 12513959, yoga woman on green grass
- Maridav, Stockfoto-ID: 86028956, Zen yoga woman doing meditation
- Maridav, Stockfoto-ID: 155300765, Happy woman feeling free with open arms in sunshine at beach sunset.
- An Vino, Stockfoto-ID: 127802543, Yoga is a set of different spiritual, mental physical practices beautiful card

- Swill Klitch, Stockfoto-ID: 128491493, Retro wave shiny head silhouette over neon landscape

Impressum

Anna Mai (Autor und Herausgeber)

c/o Papyrus Autoren-Club

Pettenkoferstr. 16-18

10247 Berlin

annamai@ereadmedia.com

36860771R00068

Printed in Poland
by Amazon Fulfillment
Poland Sp. z o.o., Wrocław